BEI GRIN MACHT SICH IF
WISSEN BEZAHLT

- Wir veröffentlichen Ihre Hausarbeit,
  Bachelor- und Masterarbeit

- Ihr eigenes eBook und Buch -
  weltweit in allen wichtigen Shops

- Verdienen Sie an jedem Verkauf

Jetzt bei www.GRIN.com hochladen
und kostenlos publizieren

Bibliografische Information der Deutschen Nationalbibliothek:

Die Deutsche Bibliothek verzeichnet diese Publikation in der Deutschen National-
bibliografie; detaillierte bibliografische Daten sind im Internet über http://dnb.d-
nb.de/ abrufbar.

Dieses Werk sowie alle darin enthaltenen einzelnen Beiträge und Abbildungen
sind urheberrechtlich geschützt. Jede Verwertung, die nicht ausdrücklich vom
Urheberrechtsschutz zugelassen ist, bedarf der vorherigen Zustimmung des Verla-
ges. Das gilt insbesondere für Vervielfältigungen, Bearbeitungen, Übersetzungen,
Mikroverfilmungen, Auswertungen durch Datenbanken und für die Einspeicherung
und Verarbeitung in elektronische Systeme. Alle Rechte, auch die des auszugsweisen
Nachdrucks, der fotomechanischen Wiedergabe (einschließlich Mikrokopie) sowie
der Auswertung durch Datenbanken oder ähnliche Einrichtungen, vorbehalten.

Impressum:

Copyright © 2008 GRIN Verlag, Open Publishing GmbH
Druck und Bindung: Books on Demand GmbH, Norderstedt Germany
ISBN: 9783640555369

Dieses Buch bei GRIN:

http://www.grin.com/de/e-book/142464/evolutionaere-algorithmen-am-beispiel-
einer-supply-chain-problematik

Franziska Vogt et al.

Evolutionäre Algorithmen am Beispiel einer Supply Chain Problematik

GRIN Verlag

GRIN - Your knowledge has value

Der GRIN Verlag publiziert seit 1998 wissenschaftliche Arbeiten von Studenten, Hochschullehrern und anderen Akademikern als eBook und gedrucktes Buch. Die Verlagswebsite www.grin.com ist die ideale Plattform zur Veröffentlichung von Hausarbeiten, Abschlussarbeiten, wissenschaftlichen Aufsätzen, Dissertationen und Fachbüchern.

Besuchen Sie uns im Internet:

http://www.grin.com/

http://www.facebook.com/grincom

http://www.twitter.com/grin_com

Evolutionäre Algorithmen
am Beispiel einer Supply Chain Problematik

Seminararbeit im Fach Rechnersysteme –
Evolutionäre Algorithmen

an der
VWA-Studienakademie
- University of Cooperative Education

Semester: 6

Verfasser:
Juliane Behrendt
Sonja Bernhard
Dennis Frank
Michael Schmohl
Franziska Vogt

Abgabedatum: 30.04.2008

Inhaltsverzeichnis

Abbildungsverzeichnis

Tabellenverzeichnis

Abkürzungsverzeichnis

Abb.	Abbildung
d.h.	das heißt
EA	Evolutionäre Algorithmen
GPRS	General Packet Radio Service
GUI	Graphical User Interface
Lsg	Lösung
SCC	Supply-Chain-Council
SCM	Supply Chain Management
SCOR	Supply Chain Operations Reference Model
Tab.	Tabelle
z.B.	zum Beispiel

- 1 -

1 Einleitung

In einer Zeit, in der modernste Technologie allgegenwärtig und alltäglich geworden ist, verändern sich Märkte in rasanter Geschwindigkeit. Das Internet ermöglicht schnellsten Informationsaustausch und schnellste Reaktionsfähigkeit. Damit werden Märkte dynamischer und Wettbewerbsvorteile können von Konkurrenten rasant aufgeholt werden. Vor kurzer Zeit waren nur Branchen betroffen, die hochtechnisiert waren. Heute stehen alle Branchen und Märkte im Einfluss des Internets. Damit nicht genug, das Internet ist mobil geworden, Blackberry[1], IPhone[2] oder GPRS-Karte[3] gehören zur Grundausstattung eines modernen Geschäftsmannes. Damit wächst für Unternehmen der Druck, Wettbewerbsvorteile auszubauen und zu halten. In Unternehmen mit eigener Produktion aber auch im Dienstleistungsbereich werden Schnittstellen zur Kommunikation zwischen Unternehmen immer wichtiger.

Innerhalb von Unternehmen wurde in den letzten Jahren kräftig „aufgeräumt". Effizienzsteigerung, Prozessoptimierung, oder „Lean Production"[4] sind nur einige Schlagwörter, die zu einer Verschlankung der Unternehmen geführt haben. Prozesse oder ganze Teile des Unternehmens wurden outgesourced, viel Potential für Verbesserungen ist nicht geblieben, außer an den Schnittstellen zwischen Unternehmen. Dort ist noch einiges an Verbesserungspotential vorhanden. Eine unternehmensübergreifende Kommunikation kann zahlreiche Vorteile mit sich bringen. Dabei können Unternehmen sowohl im Rahmen der Kooperation, der Coopetition[5] oder einfach als Lieferant und Kunde miteinander zusammenarbeiten und ihre Prozesse optimieren. Die Kommunikation läuft nicht nur in eine Richtung, sondern auch gegenläufig und erstreckt sich über viele Unternehmen entlang einer Lieferkette hinweg. Eine solche Lieferkette ist meist eine Wertschöpfungskette, da jedes beteiligte Unternehmen einen Mehrwert in seiner Stufe der Kette generiert. Die Koordination und Kommunikation in einer solchen Kette umfasst ein ganzes Fachgebiet in der Betriebswirtschaftslehre. Dieses Fachgebiet hat sich zu einem Managementkonzept, genannt „Supply Chain Management", entwickelt. Es hat als Aufgabe die Koordination der einzelnen Unternehmen, um die Wertschöpfungskette zu optimieren. Dies ist auch das Thema dieser Fallstudie.

---

[1] Vgl. http://www.blackberry.com/de/.
[2] Vgl. http://www.apple.com/de/iphone/.
[3] GPRS ermöglicht mobilen Internetzugang in Verbindung mit einem GPRS-fähigen Endgerät.
[4] Schlanke Produktion, Produktionsorganisation.
[5] Wertschöpfung aus „Cooperation" und „Competition", meint die Kooperation von Konkurrenten.

1.1 Problemstellung und Zielsetzung

Optimierungsprobleme im Bereich des Supply Chain Managements sind aufgrund ihrer unzähligen Variablen oft hoch komplex. Ob Tourenplanungen oder Kostenoptimierung: mathematische Verfahren, die sich in vielen Problemstellungen bewährt haben, stoßen hierbei an ihre Grenzen. An der Theorie hapert es dabei nicht, die meisten Problemstellungen lassen sich lösen, der kritische Faktor ist jedoch die Zeit. Trotz hoch modernen Rechenzentren mit Prozessoren, die sich jährlich übertreffen und einer „Top - 100 - Liste" von Supercomputern, die ständig aktualisiert werden muss, ist Rechenzeit bei der Lösung vieler Optimierungen der Faktor, an der die Anwendung von herkömmlichen Verfahren scheitert. Viele Problemstellungen würden über einhundert Jahre Rechenzeit benötigen, damit ist die Anwendung herkömmlicher Verfahren unmöglich. Eine Lösungsmöglichkeit für diese Probleme sind Heuristiken, die mit verschiedenen Verfahren versuchen, eine gute Lösung zu finden. Verblüffend ist dabei, dass sich ab und zu nicht nachvollziehen lässt, wie die Lösung entstanden ist. Es ist aber beweisbar, wie gut eine solche Lösung im Vergleich zu anderen bekannten Lösungen ist. In diesem Bereich lassen sich Evolutionäre Algorithmen einsetzen, die im nachfolgenden Kapitel näher beschrieben werden.

Diese Fallstudie verfolgt das Ziel, die Möglichkeiten Evolutionärer Algorithmen aufzuzeigen, um ein betriebswirtschaftliches Optimierungsproblem aus dem Bereich Supply Chain Management zu lösen.

1.2 Vorgehensweise

Nach einer Einführung in die Welt der evolutionären Algorithmen wird das Supply Chain Management näher dargestellt. Die wesentlichen Bestandteile von Evolutionären Algorithmen, also Mutation, Rekombination und Selektion, werden im darauf folgenden Kapitel detailliert erklärt. Anschließend wird die praktische Umsetzung eines betriebswirtschaftlichen Optimierungsproblems aus dem Bereich Supply Chain Management mit Hilfe evolutionärer Algorithmen aufgezeigt. Dabei werden die zuvor theoretisch erklärten Bestandteile evolutionärer Algorithmen angewendet. Eine solche Anwendung macht eine nachfolgende Optimierung notwendig, um die erzielten Ergebnisse zu verbessern. Es wird die Anwendung verschiedener Optimierungsvarianten und deren Ergebnisse präsentiert. Im letzten Kapitel wird ein dezentraler Ansatz vorgestellt, mit dem sich ein solches

Optimierungsproblem ebenfalls lösen lässt, allerdings ohne zentrale Koordination, d.h. ohne die Berücksichtigung der Gesamtkosten.

1.3 Notenverrechnung

Bezüglich der Notenverrechnung möchten wir Einzelnoten ausgewiesen bekommen. Bitte beachten Sie hierzu die Anlage[6], in der die Einzelleistungen dargestellt werden.

---

[6] siehe Anhang 1: Aufgabenverteilung.

2 Evolutionäre Algorithmen

Das Verfahren:

Der Evolutionäre Algorithmus ist ein Optimierungsverfahren[7], das bereits zu Beginn der sechziger Jahre von verschiedenen Forschergruppen entwickelt wurde.[8] Beim EA werden die Abläufe einer biologischen Evolution als Vorbild gesehen und in einem Algorithmus benutzt. Das Ziel eines EA ist es, eine möglichst gute Lösung zu einem bestimmten Problem, also unter bestimmten Bedingungen, zu finden. In der Natur entsprechen diese Bedingungen bzw. Probleme den Lebensbedingungen an die sich ein Individuum anpassen muss. Die optimale Lösung stellt in der Natur ein Individuum dar, welches sich sehr gut an die Bedingungen angepasst hat und somit überlebensfähig ist.

Die Natur greift hierbei auf drei biologische Prinzipien zurück, um aus einer Startpopulation Individuen zu entwickeln, die bestmöglich an die Bedingungen angepasst sind. Dieser Vorgang lässt sich so auch auf einen EA übertragen:[9]

- **Mutation/Nachkomme(n):**[10] [11]

  Die Mutation des Erbgutes soll dazu dienen, Alternativen und Varianten zu erzeugen. Dies entspricht beim EA der Überwindung des lokalen Optimums, um die Chance zu steigern, ein globales Optimum zu finden.

- **Rekombination/Nachkomme(n):**[12] [13]

  Bei der Rekombination werden die Gene zweier Individuen nach einem vordefinierten Schema miteinander kombiniert. Welche Individuen für diesen Vorgang verwendet werden, ist jedoch dem Zufall überlassen. Bei der Rekombination im Rahmen eines EAs werden Populationen miteinander kombiniert, um hieraus neue Populationen zu erzeugen.

- **Selektion/Partnerwahl:**[14]

  In der Natur legt die Selektion fest, welche Individuen sich stärker vermehren. Beim EA beinhaltet die Selektion die Auswahl der Individuen, die später im Rahmen der Rekombination verstärkt gebraucht werden.

---

[7] Vgl. http://www.tu-chemnitz.de/informatik/ModSim/Software/leo.html.
[8] Vgl. http://ls2-www.cs.uni-dortmund.de/~storch/documents/DiplomArbeit.pdf.
[9] Vgl. http://www.fh-meschede.de/public/willms/ea/simu.html.
[10] Vgl. http://www.guidobauersachs.de/genetik/muta.html.
[11] Vgl. http://www.informatikdidaktik.de/HyFISCH/Spitzenforschung/Wegener.htm.
[12] Vgl. http://www.biosicherheit.de/de/lexikon/#R.
[13] Vgl. http://www-ti.informatik.uni-tuebingen.de/~heim/lehre/proseminar_ss99/ausarbeitung /andreas_korsten/node10.html.
[14] Vgl. http://fbim.fh-regensburg.de/~saj39122/vhb/NN-Script/script/gen/k040401.html.

Der Ablauf eines EA lässt sich somit in folgendem Schema darstellen:[15]

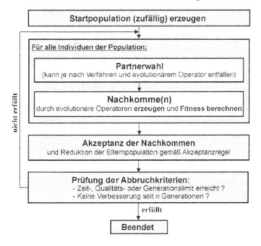

Abb. 1: Prinzipieller Ablauf Evolutionärer Suchverfahren[16]

Anwendungsgebiete

EA dienen der Lösung von Optimierungsproblemen bei denen traditionelle Optimierungsverfahren auf Grund von Nichtlinearitäten[17] und Diskontinuitäten[18] zur Findung einer optimalen Lösung nicht mehr benutzt werden können.[19]

---

[15] Vgl. http://www.iai.fzk.de/www-extern/index.php?id=237.

[16] http://www.iai.fzk.de/www-extern/uploads/pics/Evo-Ablauf.gif.

[17] Jedes System, welches nicht in jedem Bereich proportional auf das Eingangssignal (Systemreiz) antwortet.

[18] Diskontinuität bezeichnet eine Funktion, die nicht stetig ist.

[19] Vgl. http://ls2-www.cs.uni-dortmund.de/~jansen/EvoAlg2004/.

Vor- und Nachteile

Vorteile	Nachteile
Mit Hilfe von EA können immer mehrere potenzielle Lösungen gefunden werden	EA bieten keine Garantie das globale Optimum in einer vernünftigen Zeit zu finden.
Für die Anwendung eines EA wird kaum Problemwissen benötigt	Bei EA wird oft eine sehr lange Rechenzeit benötigt.
Ein EA kann Optimierungsprobleme lösen, die mit traditionellen Verfahren nicht gelöst werden können	

Tab. 1: Vor- und Nachteile eines Evolutionären Algorithmus

Teilbereiche

Zu dem Themengebiet der EA zählen auch die Themengebiete der genetischen Programmierung, genetische Algorithmen, Evolutionsstrategien und der Evolutionären Programmierung. Diese Verfahren haben alle das Prinzip der biologischen Evolution zum Vorbild und dienen alle der Findung von Lösungen von Optimierungsproblemen.

3 Supply Chain Management

Die aktuelle Situation für Unternehmen auf gesättigten Märkten zwingt sie zur Konzentration auf ihre Kernkompetenzen. Dafür ist vor allem bei Produktionsunternehmen eine enge Verflechtung und Vernetzung mit und zwischen Zulieferbetrieben und Betrieben, die Waren abnehmen, erforderlich. Diese Koordinationsaufgabe nennt sich Supply Chain Management und bedeutet konkret die Planung, Koordination und Steuerung der Material- und Informationsströme in Unternehmensnetzwerken.[20]

Supply Chain

Der Ausdruck „Supply Chain" kann mit den Begriffen „logistische Kette, Lieferkette, Versorgungskette oder Leistungswirtschaft" übersetzt werden. In der Literatur ist häufig die Bezeichnung „Wertschöpfungskette" zu finden. Die Supply Chain beschreibt den Weg eines Produktes oder einer Dienstleistungen innerhalb mehrerer Unternehmen von der Herstellung des Produktes mit den einzelnen Zwischenschritten entlang einer Kette von Produktionsstufen bis zum Endverbraucher.

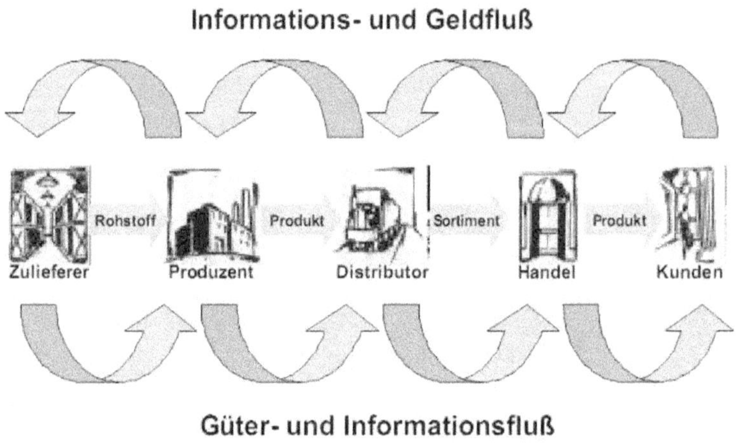

Informations- und Geldfluß

Güter- und Informationsfluß

Abb. 2: Aufbau einer Supply Chain[21]

[20] Vgl. Böhnlein, Claus-Burkard (2005), S. 92.
[21] Vgl. Schinzer, Heiko (1999), S. 857.

Wesentlich ist dabei, dass während der Produktion des Produktes oder der Ausführung der Dienstleistung ein Mehrwert gegenüber dem vorhergegangenen Produktionsschritt entsteht. Daher der Name Wertschöpfungskette.

Die Idee und das Konzept einer solchen Kette wurde als erstes von dem Wirtschaftswissenschaftler Michael E. Porter im Jahr 1985 vorgestellt.[22]

Warenströme fließen in einer Supply Chain vom Hersteller zu den Endverbrauchern, Geldströme fließen in die Gegenrichtung. Dabei ist zu beachten, dass es zusätzliche Informationsströme gibt, die die Waren - und Geldströme begleiten wie z.b. Lieferscheine.

Eine Supply Chain muss nach Auffassung von Porter von einer „Value Chain" abgegrenzt werden. Bei einer „Value Chain" handelt es sich um eine Kette der Organisation innerhalb eines Unternehmens, eine „Supply Chain" erstreckt sich über mehrere Unternehmen hinweg.

Eine Supply Chain ist also ein virtuelles Organisationsgebilde über Unternehmen hinweg. Der Extremfall einer Supply Chain geht von der Rohstoffgewinnung bis zum Recycling eines Produktes.

Supply Chain Management

Der Ausdruck des Supply Chain Management, meist abgekürzt mit „SCM", wird analog zur Supply Chain mit „Versorgungskettenmanagement" oder „Lieferkettenmanagement" übersetzt.

Ziel des SCM ist die nahtlose Integration der einzelnen Partner einer Lieferkette untereinander mit dem Hauptziel der Steigerung der Effektivität und Effizienz in der gesamten Lieferkette. SCM bedeutet weiter die Unterstützung und Optimierung von Informations- und Kommunikationsflüssen unter den beteiligten Unternehmen zur Abstimmung von Warenbewegungen. SCM ist ein Managementkonzept, das sich mit logistischen Fragestellungen beschäftigt.[23]

Abgrenzung zur Logistik

Die Begriffe SCM und Logistik werden oft synonym verwendet, haben genau genommen aber unterschiedliche Bedeutung. Die Logistik befasst sich mit gleichen Themen wie das SCM, der Unterschied liegt darin, dass sich die Logistik primär mit den Warenflüssen etc. eines Unternehmens befasst, das SCM jedoch unternehmensübergreifend agiert.

---

[22] Vgl. Werner, Hartmut (2007), S.5.
[23] Vgl. Melzer-Ridinger, Ruth (2007), S.9.

Supply Chain Management wird als ein neues Teilgebiet der Betriebswirtschaftslehre angesehen, das sich über die Grenzen des Betriebes hinaus erstreckt und dabei nicht nur die Logistik, sondern auch alle anderen Felder der Betriebswirtschaftslehre wie z. B. Marketing und Controlling beinhaltet.

Zielsetzungen des SCM

Zusätzlich zu den genannten Hauptzielen des SCM werden weitere Zielsetzungen verfolgt:[24] SCM kann dazu beitragen, Lieferzeiten zu reduzieren und damit die Kundenzufriedenheit zu steigern. Verbesserte Kommunikation zwischen den Partnern in der Supply Chain kann eine schnellere Anpassung an Marktveränderungen und damit Kostenvorteile ermöglichen. Ein sehr wichtiger Punkt ist die Reduzierung der Lagerbestände der Beteiligten der Supply Chain und die Vermeidung von Lieferengpässen. Weiter gilt es den „Peitscheneffekt"[25] zu verhindern, der Schwankungen von Bestellmengen und die damit verbundene unerwünschte Aufschaukelung von Bestellmengen entlang einer Lieferkette beschreibt. Als fast selbstverständlich kann angesehen werden, dass durch Optimierung des Gesamtprozesses über mehrere Stufen hinweg große Kostenvorteile erzielt werden können. Insgesamt soll eine Win-Win–Situation[26] für alle Beteiligten entstehen.

SCM – Modelle

In der Literatur[27] finden sich verschiedene Modelle, nach denen eine Wertschöpfungskette organisiert werden kann.

Das Modell der **zentralisierten Supply-Chain** benötigt eine neutrale Instanz, die die Koordination der Wertschöpfungskette übernimmt. Diese Stelle sammelt von den beteiligten Unternehmen Informationen wie Kapazitätsbelegungen, Auftrags- und Materialbestände. Die Zentrale führt die zentrale Planung durch und stellt den beteiligten Unternehmen die Ergebnisse zur Verfügung.

Beim **dominierten Modell** wird die Koordination der Material- und Informationsflüsse in Anlehnung an das zentralisierte Modell umgesetzt. Allerdings übernimmt hier die Koordinationsaufgabe ein Teilnehmer der Supply Chain, meist der stärksten Partner der Wertschöpfungskette, also der Hersteller des Endprodukts.

---

[24] Vgl. Schinzer, Heiko (1999), S. 858.
[25] Vgl. Straube, Frank; Butz, Christian: (2005), S. 673.
[26] Vgl. Böhnlein, Claus-Burkard: (2005), S.225.
[27] Vgl. Böhnlein, Claus-Burkard: (2005), S. 94.

Das **koordinierte Modell** basiert auf verteilter Koordination, wobei die Planung dezentral erfolgt. Dabei stellen sich die Teilnehmer der Supply Chain die benötigten relevanten Informationen gegenseitig zur Verfügung. Erforderliche Informationen sind z.B. freie Kapazitäten, Lagerbestände, Bedarfsprognosen und Markteinschätzungen.

Das SCOR Referenzmodell für SCM

Supply-Chain-Lösungen eignen sich für die unterschiedlichsten Unternehmensbereiche und Branchen. Soll eine solche Lösung erfolgreich werden, ist ein gemeinsames Prozessverständnis[28] bei den Partnern unabdingbar. Hier setzt das vom Supply Chain Council (SCC)[29] entwickelte Supply-Chain-Operations-Reference-Modell (SCOR)[30] an. Es definiert die wesentlichen Geschäftsprozesse einer Supply Chain und verknüpft diese mit verwendbaren Erfolgsmethoden (Best Practices) und weiteren Informationen. Das SCOR – Modell besteht aus vier Leveln, die Prozesse und Schnittstellen weiter definieren.

---

[28] Schinzer, Heiko: (1999), S. 860.
[29] Vgl. http://www.supply-chain.org.
[30] Vgl. http://www.supply-chain.org/cs/root/scor_tools_resources/scor_model/scor_model.

4 Theoretische Abhandlung der Genetischen Algorithmen

4.1 Selektion

Nachdem die Anfangspopulation erzeugt und hinsichtlich ihrer Fitness bewertet wurde, erfolgt als erste Phase der Generationserzeugung die Auswahl der Eltern, welche zur Rekombination der Nachkommen verwendet werden. Da von der Selektion entscheidend die Bandbreite der entstehenden Lösungen abhängt, ist es wichtig, bereits hier einen guten Algorithmus anzusetzen.[31] Hierbei gibt es verschiedene Möglichkeiten und Konzepte, von welchen nachfolgend einige vorgestellt werden.

Wird die Population der nächsten Elternindividuen erstellt, so soll einerseits eine möglichst breite Lösungsvielfalt erreicht werden, andererseits sollten die tatsächlich besten Individuen aufgenommen werden. Hier kann es mitunter zu Konflikten kommen, weshalb eine reine Auswahl der Besten zu einem Verlust der Vielfalt führt. Man muss sich also entscheiden, ob man die besten Individuen auswählt oder bei der zufälligen Auswahl die Wahrscheinlichkeit auf der Fitness der Individuen basieren lässt.

Selektiert zu werden sollte jedoch allen Elternindividuen zumindest möglich sein, da ansonsten der Aufwand ihrer Verwaltung fragwürdig ist. Dies kann entweder erreicht werden, indem jedes Eltern-Individuum garantiert mindestens einen Nachkommen hat oder, um Selektionsdruck zu erzeugen, jedes Elternteil eine individuelle Selektionswahrscheinlichkeit hat.

Zum anderen kann man sich dazu entscheiden, die Eltern durch die Kinder komplett zu ersetzen oder die Eltern zusätzlich zur neuen Kindgeneration beizubehalten und ebenfalls mit in die Selektion aufzunehmen. Von „überlappenden Populationen" spricht man, wenn z.B. die neue Population aus allen Kindern und dem besten Elternindividuum besteht.[32]

Besten-Selektion

Am einfachsten und effektivsten erscheint die Selektion der besten Individuen einer jeden Generation. Dazu erfolgt zuerst eine Bewertung der Fitness der Eltern, anschließend wird ein festgelegter Teil dieser Elterngeneration zur Rekombination ausgewählt, z.B. die bessere Hälfte.

---

[31] Vgl. Nissen, V. (1994), S. 46.
[32] Vgl. Weicker, K. (2007), S. 66ff.

Bei diesem Verfahren erreicht man schnell optimierte Werte, jedoch ist dies mit einigen Problemen verbunden. Zahlreiche Untersuchungen haben gezeigt, dass die so erzeugten Populationen sehr schnell konvergieren[33] und zum Ende einer Iteration immer das gleiche Elternindividuum genutzt wird.[34] Liegt ein lokales Optimum vor, kann keine Verbesserung mehr erreicht werden. Deshalb führt die Besten-Selektion nicht zwingend zu den besten Ergebnissen.

Wettkampfselektion

Die Wettkampf oder auch Tunierselektion ist weniger zielorientiert als die Besten-Selektion. Da bei diesem Verfahren auch schlechtere Lösungen eine Chance haben, liegt eine nicht-diskriminierende Selektion vor.

Bei der sogenannten q-stufigen zweifachen Tunierselektion werden für jedes Individuum gegen q andere, zufällig ausgewählte Individuen direkte Duelle abgehalten. Dabei wird die Fitness der Kontrahenten verglichen und die Anzahl der Siege jedes Individuums vermerkt.

Anschließend wird eine Rangfolge nach dieser Siegesanzahl erstellt und deterministisch diejenigen mit den meisten Siegen ausgewählt. Um Selektionsdruck zu erzeugen, muss q mindestens 1 betragen. Dieser Operator ist probabilistisch, aber trotzdem Duplikatfrei.[35]

Fitnessproportionale Selektion (Roulette)

Ein anderer Ansatz ist die so genannte fitnessproportionale Selektion. Da hier „mit Zurücklegen" gezogen wird, ist es möglich, dass zweimal das gleiche Individuum ausgewählt wird. Die Selektionswahrscheinlichkeit hängt hier direkt mit der Fitness zusammen. Je größer die Fitness, umso wahrscheinlicher die Selektion. Die Wahrscheinlichkeit lässt sich als Quotient von Individualfitness dividiert durch die Gesamtfitness der Population berechnen. Da alle Individuen eine Chance auf Auswahl haben, liegt wie bei der Turnier-Selektion ebenfalls eine nicht diskriminierende Selektion vor.

Anschaulich kann man sich die Auswahl wie ein Roulettspiel vorstellen. Jedes Individuum hat einen bestimmten Bereich auf dem Roulettrad, dessen Größe seiner Selektions-wahrscheinlichkeit entspricht. Nun wird am Rad „gedreht" und das Individuum ausgewählt, bei welchem der Zeiger stehen bleibt.[36]

---

[33] Eine Population wird als konvergiert bezeichnet, wenn alle Individuen gleich sind.
[34] Vgl. Weicker, K. (2007), S. 64ff.
[35] Vgl. Weicker, K. (2007), S. 68f.
[36] Vgl. Nissen, V. (1994), S .44f.

Bei der technische Umsetzung wird das Intervall [0, 1[in soviele Abschnitte aufgeteilt, wie es Elternindividuen gibt. Jedes erhält einen Abschnitt zugewiesen, dessen Größe genau seiner Selektionswahrscheinlichkeit entspricht. Nun wird eine Zufallszahl erzeugt, welche aus dem gleichen Intervall kommen muss. Das Individuum wird gewählt, in dessen Bereich die Zufallszahl fällt. Dies wird so oft durchgeführt wie Eltern ausgewählt werden müssen.[37]

4.2 Rekombination

Das folgende Kapitel soll sich mit dem Thema Rekombination von Individuen beschäftigen. Den Begriff Rekombination finden wir in der Literatur häufig unter dem Namen Kreuzung oder Cross-over.

Die Hauptaufgabe der Rekombination stellt die Erstellung eines neuen Phänotyps, oder auch nachfolgend Kind bzw. Nachkommen genannt, aus der Elternpopulation dar. Hierbei sollen die Genome zweier Eltern miteinander kombiniert werden, so dass daraus ein bestmöglicher Erbnachfolger generiert wird.[38]

Abb. 3: Grafische Darstellung der Rekombination

Die vorhandenen Informationen werden neu angeordnet. Dadurch ist es möglich auf einfache Weise eine Vielzahl von Kombinationen zu erproben. Programmiertechnisch ist die Rekombination auch äußerst einfach realisierbar. Die Rekombination lässt sich in die folgenden Verfahren gliedern:

Einpunktkreuzung:
Über ein Selektionsverfahren (z.B. der Wettkampfselektion) werden zwei geeignete Individuen ausgewählt und an einer bestimmten Stelle durchtrennt. Dann werden die beiden Teilstücke getauscht, so dass jeder Nachkomme aus seinem Vorderteil und dem Hinterteil des anderen Individuums besteht.

---

[37] Vgl. Nissen, V. (1997), S.37f.
[38] Vgl. http://ls2-www.cs.uni-dortmund.de/~jansen/pg427/rekombination.pdf , S. 3.

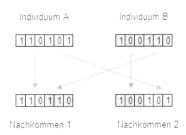

Die Einpunktkreuzung kann auf zwei unterschiedliche Art und Weisen erfolgen:

- Teilung an festgelegter Schnittstelle (z.B. in der Mitte des Individuums)
- Teilung an zufälliger Schnittstelle

Abb. 4: Rekombination - Einpunktkreuzung

Mehrpunktkreuzung

Die Mehrpunktkreuzung ist stark an die Einpunktkreuzung angelegt, erreicht in der praktischen Anwendung aber eine schnellere Konvergenz.

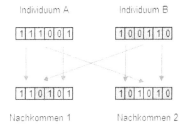

Die Trennung wird nicht an einer, sondern an mehreren Schnittstellen vorgenommen. Dann werden die Mittelstücke zwischen den Individuen getauscht. Hierbei kann auch wieder nach festgelegten oder zufälligen Schnittstellen unterschieden werden.

Abb. 5: Rekombination - Mehrpunktkreuzung

Gleichmäßige Kreuzung

Bei der gleichmäßigen Kreuzung erfolgt die wohl stärkste Durchmischung zweier Individuen im Vergleich zu den anderen hier vorgestellten Verfahren. Die gleichmäßige Kreuzung ist allerdings für die meisten Verfahren unbrauchbar, da im Gegensatz zur Einpunkt- oder Mehrpunktkreuzung die guten Fitnesseigenschaften bei der gleichmäßigen Kreuzung nicht erhalten bleiben, sondern ggf. zerstört werden.

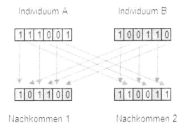

Abb. 6: Rekombination - Gleichmäßige Kreuzung

Prinzipiell kann gesagt werden, dass eine Rekombination nicht immer notwendig ist, wenn eine ausreichende Mutation im Genetischen Algorithmus stattgefunden hat.

4.3 Mutation

Bei genetischen Algorithmen wird unter dem Terminus Mutation eine zufällig generierte Veränderung einer bestehenden Lösung verstanden.[39] Die Mutationsstrategie ist so zu wählen, dass von einer Ausgangslösung durch mehrmalige Mutation jede beliebige andere, gültige Kombination erreicht werden kann. Die Gültigkeit wird durch zuvor festgelegte Rahmenbedingungen geprüft. Im Falle der vorliegenden Supply-Chain-Problematik ist sicherzustellen, dass das erste Bit einer Population nicht Null wird, weil in der ersten Periode immer ein Bedarf besteht. Die Mutation wird auf Basis der erzeugten Binärmatrizen implementiert. Dabei bedeutet eine Null, dass keine Produktion stattfindet. Die Mutation der Nachkommen sorgt für eine Manipulation der bestehenden Ausprägung, wobei sich sowohl eine Verbesserung, als auch eine Verschlechterung einstellen kann. Idealerweise sollen nur kleine Änderungen hervorgerufen werden. In der Summe sollen es jedoch so viele sein, dass die Individuen über die Laufzeit eines genetischen Algorithmus fast die gesamte Wertelandschaft abdecken, auf der optimiert werden soll. Die Mutation ist ein ungerichteter Prozess, das bedeutet diese genetische Operation sichert die Diversität des genetischen Materials und kann neue, bisher nicht vorhandene Merkmalsausprägungen erzeugen, um eine Überwindung lokaler Optima zu ermöglichen. Zu Beginn des Genetischen Algorithmus sind deshalb größere Änderungen empfehlenswert, während im fortgeschrittenen Stadium nur noch kleine Anpassungen zugelassen werden sollten, um Individuen, die sich bereits nahe eines Optimums befinden, nicht von diesem wegzubringen. Die Mutation erfolgt nach der Rekombination der Eltern zu neuen Kindindividuen. Häufig wird dabei eine Mutationswahrscheinlichkeit angegeben, mit der die Bits manipuliert werden sollen. Im Folgenden werden zwei häufig angewendete Mutationsverfahren beschrieben:

---

[39] Vgl. http://de.wikipedia.org/wiki/Mutation .

Bit-Flipping (wörtlich: bitweise Invertierung)

Ursprungsausprägung

Mutation

Die vielfältigsten Möglichkeiten der Manipulation ergeben sich mit dem Bit-Flipping. Bei dieser Art der Bit-Veränderung werden die binären Elemente einer Zeichenkette umgekehrt. das heißt aus 0 wird eine 1 und umgekehrt.

Abb. 7: Bit-Flipping

Die Mutation kann dabei durch eine zuvor festgelegte Mutationswahrscheinlichkeit erfolgen. Dazu müsste jedes Element der Zeichenkette durchlaufen werden und jedes Mal eine Zufallszahl erzeugt werden, welche dann im nächsten Schritt abgeprüft wird. Ist die Zufallszahl kleiner als die gewünschte Mutationswahrscheinlichkeit, dann wird das Bit an der aktuellen Position gekippt. Andernfalls bleibt das Bit unverändert. Im Folgenden wird das Bit-Flipping als Struktogramm abgebildet:

Abb. 8: Struktogramm ‚Bit-Flipping'

Des Weiteren kann das Bit-Flipping auch an einer zufällig ermittelten Position im Array erfolgen. Dabei kann dann die Anzahl der Bitmutationen variiert werden. Denkbar wäre eine einzige Bitinvertierung aber auch ein mehrfaches Bit-Flipping.

Swap-Mutation

Ursprungsausprägung

Mutation

Bei der Swap-Mutation werden zwei Gene im Individuum zufällig ermittelt und anschließend miteinander vertauscht. Im folgenden Beispiel werden die Positionen 2 und 5 vertauscht.

Abb. 9: Swap-Mutation

Der Vorteil dieser Mutationsart besteht darin, dass die Rüstkosten sich nicht ändern, da keine weitere Produktionseinheit hinzukommt oder wegfällt. Lediglich die Lagerkosten können sich hier verbessern oder verschlechtern.

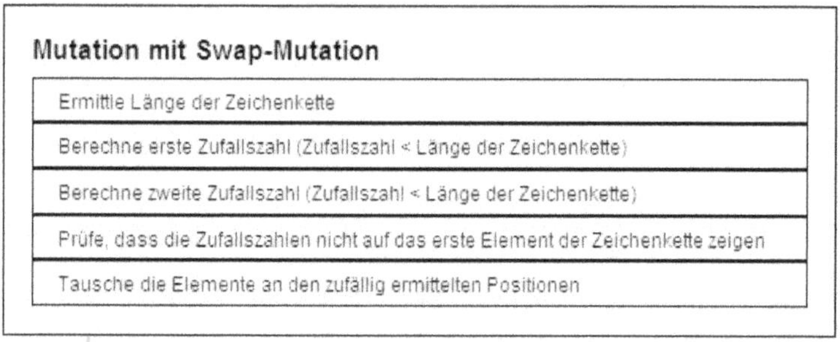

Mutation mit Swap-Mutation
Ermittle Länge der Zeichenkette
Berechne erste Zufallszahl (Zufallszahl < Länge der Zeichenkette)
Berechne zweite Zufallszahl (Zufallszahl < Länge der Zeichenkette)
Prüfe, dass die Zufallszahlen nicht auf das erste Element der Zeichenkette zeigen
Tausche die Elemente an den zufällig ermittelten Positionen

Abb. 10: Struktogramm ‚Swap-Mutation'

5 Umsetzung des Genetischen Algorithmus

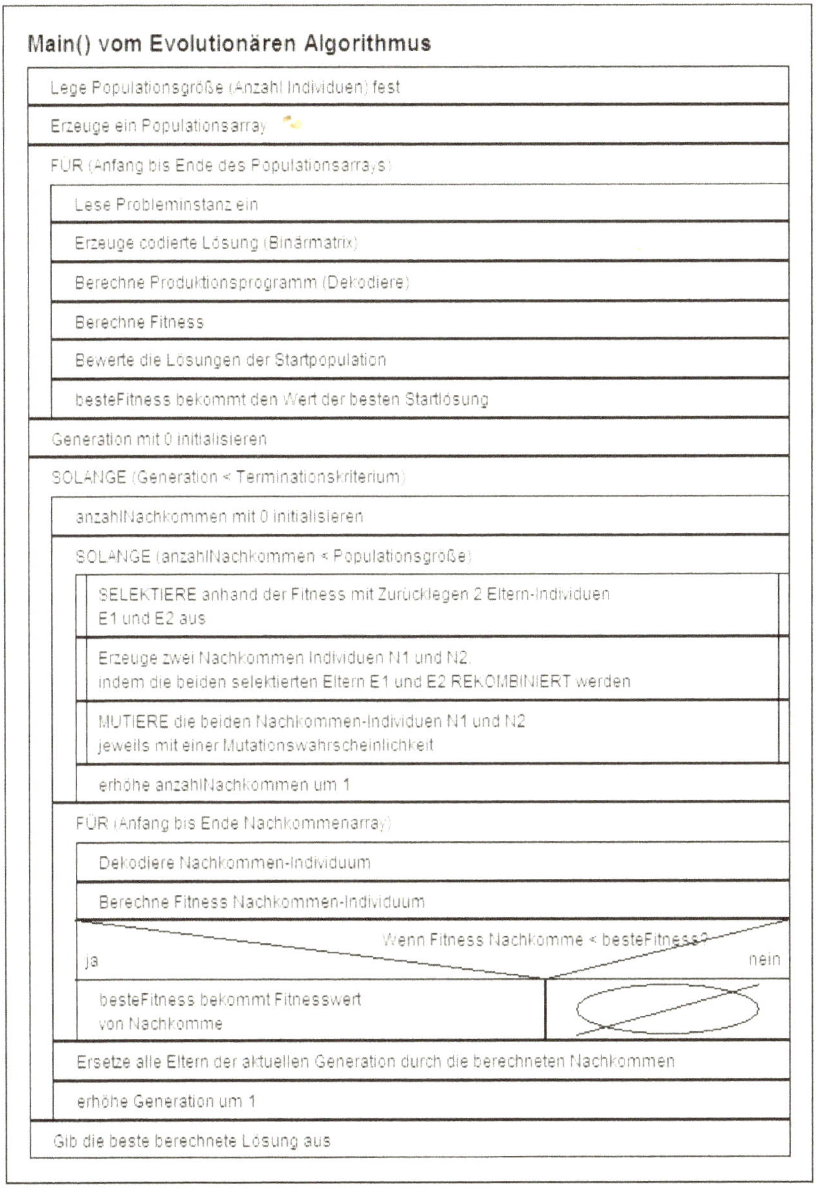

Main() vom Evolutionären Algorithmus

Lege Populationsgröße (Anzahl Individuen) fest

Erzeuge ein Populationsarray

FÜR (Anfang bis Ende des Populationsarrays)

    Lese Probleminstanz ein

    Erzeuge codierte Lösung (Binärmatrix)

    Berechne Produktionsprogramm (Dekodiere)

    Berechne Fitness

    Bewerte die Lösungen der Startpopulation

    besteFitness bekommt den Wert der besten Startlösung

Generation mit 0 initialisieren

SOLANGE (Generation < Terminationskriterium)

    anzahlNachkommen mit 0 initialisieren

    SOLANGE (anzahlNachkommen < Populationsgröße)

        SELEKTIERE anhand der Fitness mit Zurücklegen 2 Eltern-Individuen E1 und E2 aus

        Erzeuge zwei Nachkommen Individuen N1 und N2, indem die beiden selektierten Eltern E1 und E2 REKOMBINIERT werden

        MUTIERE die beiden Nachkommen-Individuen N1 und N2 jeweils mit einer Mutationswahrscheinlichkeit

        erhöhe anzahlNachkommen um 1

    FÜR (Anfang bis Ende Nachkommenarray)

        Dekodiere Nachkommen-Individuum

        Berechne Fitness Nachkommen-Individuum

        Wenn Fitness Nachkomme < besteFitness?

        ja / nein

        besteFitness bekommt Fitnesswert von Nachkomme

    Ersetze alle Eltern der aktuellen Generation durch die berechneten Nachkommen

    erhöhe Generation um 1

Gib die beste berechnete Lösung aus

Abb. 11: Struktogramm ‚Ablauf des Evolutionären Algorithmus'

Das Struktogramm der Main() skizziert grob den Ablauf des Evolutionären Algorithmus zur Lösung der Supply-Chain-Problematik in seiner Ursprungsversion. Ziel dieses Programms war primär nicht die Erreichung des optimalen Ergebnisses, sondern eines ersten möglichen Ergebnisses, welches es im Folgenden zu optimieren gilt. Wichtigste Grundlage für diesen Algorithmus ist die gegebene Klasse Programm.java, welche von uns noch um die Methode erzeugeProduktion( ) ergänzt wurde.

```java
private void erzeugeProduktion() {
    for (int i = 0; i < itemAnzahl; ++i){
        for (int j = 0; j < periodenAnzahl; ++j){
            if (j==0)
                produktion[i][j]=1;
            else
                produktion[i][j]=(int) Math.round(Math.random());
        }
    }
}
```

Abb. 12: Quelltext ‚Erzeugung der Binärmatrix'

Weitere bedeutende Methoden zur Berechnung des Produktionsprogramms aus der erzeugten Binärmatrix sowie eine Funktion zur Berechnung der Fitness des Produktionsprogramms waren bereits programmiert. Die von uns programmierte Main() organisiert die genetischen Operationen Selektion(), Rekombination() und Mutation() sowie die Dekodierung und Fitnessberechnung. Nachfolgende Abb. verdeutlicht das Zusammenspiel der genetischen Operationen.

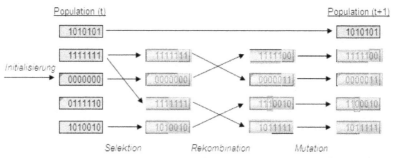

Abb. 13: Zusammenspiel der genetischen Operationen

5.1 Selektion

Die erste Implementierung der Selektion erfolgte auf Basis der Fitnessproportionalen Selektion (Roulette), welche in der Theorie bereits in einem früheren Kapitel beschrieben wurde. Zunächst werden in das popA Array die als Parameter übergebenen Werte übertragen. Anschließend erfolgt eine Summierung der Fitnesswerte der einzelnen Individuen der Population in einer gesFit Variable. Die Gesamtfitness ist erforderlich, um zu berücksichtigen, dass die höchsten Einzelfitness-Werte im Fall der Supply-Chain-Problematik die schlechtesten Ergebnisse sind. Dafür wird im Folgenden ein neuer Faktor errechnet, indem in einer Zählschleife die Individuen des popA Arrays erneut durchlaufen werden. Dabei wird die Fitness an der aktuellen Position durch die Division der gesFit / Fitness des popA an der aktuellen Position berechnet. Diese Ergebnisse werden dann zusätzlich jeweils in ein Roulette-Array geschrieben. Dabei entspricht der Wert an einer Stelle den aufsummierten Fitnesswerten bis zu dieser Stelle. Jetzt wird eine Roulettezahl zufällig erzeugt, welche im Bereich des Roulette-Arrays liegen muss. In einer nachfolgenden Zählschleife, welche das Roulette-Array durchläuft, wird überprüft, ob die Roulettezahl abzüglich des Wertes an der aktuellen Position des Roulette-Arrays kleiner als Null ist. Wenn das der Fall ist, bekommt das Programm gewinner den Wert von popA an der aktuellen Position. Durch diese Selektion werden die Individuen gemäß ihrer prozentualen Anteile an der Gesamtfitness in die nächste Generation übernommen. Nachfolgend wird ein Roulettrad mit der Sektorenzuweisungen je Individuum entsprechend der Fitness grafisch dargestellt:

| Lsg 1 | | Lsg 2 | Lsg 3 | Lsg 4 | | Lsg 5 | | Lsg 6 | Lsg 7 | roulett[] |

Abb. 14: Roulette-Rad mit Sektorenzuweisung je Individuum entsprechend der Fitness

Der Algorithmus der Selektion() wie er gerade beschrieben wurde, ist noch einmal als Struktogramm abgebildet:

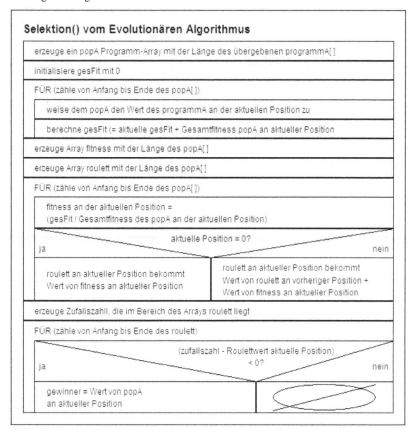

Abb. 15: Struktogramm 'Ablauf der Selektion'

5.2 Rekombination

Im Anschluss an die Selektion zweier Programme P1 und P2 werden diese rekombiniert. Der Grundalgorithmus basiert auf der Rekombination der Eltern durch zeilenweise Rekombination mit einer zufälligen Trennstelle. Dazu ist es erforderlich, dass die Programme als Parameter an die Rekombination() übergeben werden. Die übergebenen Programme P1 und P2 dienen der Rekombination() als Eltern, wofür sie zunächst in zweidimensionale Arrays ProdE1 und ProdE2 geschrieben werden. Anschließend werden diese zweidimensionalen Elternarrays in eindimensionale Stringarrays geschrieben, um die Vorteile der String-Klasse bei der Bildung von Teilstrings zu nutzen. Dabei wird jedes Individuum des Produktionsprogrammes ProdE1[][] in eine Position des String-Arrays parent0ProdString[] geschrieben. Im Folgenden soll der Prozess der Übertragung der zweidimensionalen Arrays in eindimensionale String-Arrays veranschaulicht werden:

ProdE1[*Individuenanzahl*][*Periodenanzahl*]   parent0ProdString[*Individuenanzahl*]

1	0	0	1	1	0	0	0	1	0	1	1
1	1	0	1	1	0	0	1	0	1	0	0
1	0	1	1	1	0	0	1	0	0	1	1
1	1	1	0	0	0	1	1	1	0	0	1
1	0	1	1	0	0	1	1	0	0	1	0

1	0	0	1	1	0	0	0	1	0	1	1
1	1	0	1	1	0	0	1	0	1	0	0
1	0	1	1	1	0	0	1	0	0	1	1
1	1	1	0	0	0	1	1	1	0	0	1
1	0	1	1	0	0	1	1	0	0	1	0

Abb. 16: Übertragung int[][] in String[]

Die einzelnen Individuen (Zeilen) im String Array des Elters werden dann an einer zufällig bestimmten Position getrennt und mit dem Substring des anderen Elters rekombiniert. Dabei entstehen child0ProdString und child1ProdString. Nachfolgende Abb. soll auch diesen Ablauf grafisch verdeutlichen:

parent0ProdString[]

1	1	1	1	1	1	1	0	0	0	1
1	0	0	1	0	0	0	1	0	1	0
1	0	0	1	1	1	0	0	0	1	1
1	1	1	0	0	0	1	1	0	0	0
1	0	0	0	1	1	1	0	0	0	0

parent1ProdString[]

1	0	0	0	1	1	1	0	0	0	1	0
1	1	1	0	0	0	0	0	1	1	0	0
1	0	1	1	1	0	0	0	0	0	1	1
1	0	0	1	1	1	1	1	0	0	0	0
1	0	1	1	0	0	0	1	1	1	1	0

child1ProdString[]

1	0	0	0	1	1	1	1	0	0	0	1
1	1	1	0	0	0	0	1	0	1	0	0
1	0	1	1	1	1	0	0	0	1	1	
1	0	0	0	0	0	1	1	1	0	0	0
1	0	1	1	0	1	1	1	0	0	0	0

Abb. 17: Erzeugung der Kindgeneration durch zufällige Trennung der Elternindividuen

Nach der eigentlichen Rekombination werden die Strings wieder in int Arrays (diesmal der Kindgenerationen) übertragen und die ursprünglichen Programme P1 und P2 bekommen die Programme der Kinder. Diese beiden neu erzeugten Kinder werden dann in ein Array „Nachkomme" geschrieben und an die Main() zurückgegeben.

Das abschließende Struktogramm soll diesen Methodenablauf in Pseudocode verdeutlichen:

```
Rekombination() vom Evolutionären Algorithmus

erzeuge Array nachkomme für 2 Kinder

erzeuge zweidimensionale Arrays ProdE1 und ProdE2 und
übergebe diesen die Produktionsprogramme P1 und P2, die als Parameter geliefert werden

erzeuge zweidimensionale Arrays child0Prod und child1Prod für die Kind-Generation

erzeuge String-Arrays parent0ProdString und parent1ProdString,
wobei deren Größe der Anzahl Individuen der Elterngeneration entspricht

erzeuge String-Arrays child0ProdString und child1ProdString

FÜR (zähle vom ersten bis zum letzten Individuum von ProdE1)

    FÜR (zähle von der ersten bis zur letzten Periode von ProdE1)

        erzeuge Elternstrings parent0ProdString und parent1ProdString
        aus den einzelnen Individuen (Zeilen) des ProdE1 und ProdE2

FÜR (zähle von Anfang bis Ende vom Elternstring)

    erzeuge zufällige Trennstelle

    KinderStrings child0ProdString und child1ProdString bekommen den Teilstring
    des einen Elter bis zur Trennstelle und den anderen Teilstring von dem zweiten Elter

FÜR (zähle vom ersten bis zum letzten Individuum von ProdE1)

    Hilfsvariable mit 0 initialisieren

    SOLANGE (Hilfsvariable < Anzahl der Perioden des aktuellen Individuums von child0ProdString)

        übertrage die Bits aus den Kinderstrings child0ProdString und child1ProdString
        in die Kinder-Arrays child0Prod und child1Prod

        erhöhe Hilfsvariable um 1

Weise den Produktionsprogrammen P1 und P2 die entsprechenden Produktionsprogramme
von child0Prod und child1Prod zu

Fülle das Array nachkomme mit den beiden Programmen P1 und P2

Gebe nachkomme zurück
```

Abb. 18: Struktogramm ‚Ablauf der Rekombination'

5.3 Mutation

Die letzte genetische Operation ist die Mutation, welche die gerade entstandene Kindgeneration modifizieren soll. In der ersten Version des Algorithmus wurde die Flip-Mutation mit Mutationswahrscheinlichkeit gewählt. Dazu wird der Methode Mutation() zunächst ein Kind als Parameter übergeben. Das übergebene Programm child wird als erstes in ein zweidimensionales prod Array geschrieben. Das prod Array wird dann Genom für

Genom durchlaufen. Dabei wird jedes Mal eine neue Zufallszahl zwischen 0 und 1 erzeugt, welche eine Vergleichszahl für die Mutationswahrscheinlichkeit darstellt. Ist die Zufallszahl kleiner als die Mutationswahrscheinlichkeit, wird das Genom an der aktuellen Position gekippt. Üblicherweise liegt die Mutationswahrscheinlichkeit zwischen 0,01 und 0,001[40]. Nach der vollständigen Überprüfung des prod Arrays auf notwendige Mutationen, wird das prod Array wieder in das Programm child geschrieben und an die Main() zurückgegeben. Nachfolgend wurde das Struktogramm für diese Methode abgebildet:

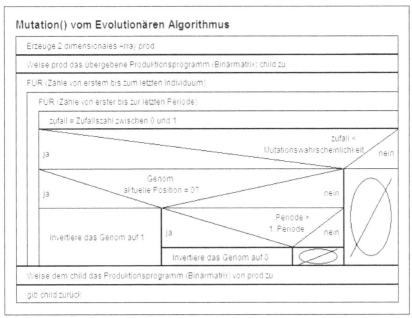

Abb. 19: Struktogramm ‚Ablauf der Mutation'

5.4 Grafische Benutzeroberfläche

Die vorliegenden Ausführungen haben gezeigt, dass es sehr viele verschiedene Möglichkeiten von Selektion, Rekombination und Mutation und deren Kombination gibt. Um eine einfache und schnelle Zusammenstellung neuer Kombinationen zu ermöglichen, wurde eine übersichtliche und elegante grafische Benutzeroberfläche entwickelt. So können neue, bisher nicht bedachte Evolutionäre Algorithmen entstehen, welche im optimalen Fall neue Bestwerte liefern.

---

[40] Vgl. http://www.informatik.uni-ulm.de/ni/Lehre/SS02/Evosem/PS_GAs.pdf.

Es gibt eine große Anzahl von Optionen. Zur Auswahl stehen drei Selektionen, fünf Rekombinationen und vier Mutationen. Je nachdem, welcher Radiobutton aktiviert wurde, stellt das Programm automatisch den richtigen Algorithmus zusammen. Ebenfalls möglich ist die Angabe einer Mutationswahrscheinlichkeit für die zufällige Flipmutation. Generell frei wählbar sind zudem die Populationsgrößen und die Anzahl der Generationen. Standardmäßig eingestellt ist die Konfiguration des Grundalgorithmus (Roulett-Selektion, Rekombination mittels einer variablen Stelle pro Individuum und zufällige Flipmutation). Wurde eine Inputdatei im *.req Format über den Dateibrowser ausgewählt, kann der zusammengestellte Algorithmus gestartet werden. Das beste Ergebnis, welches der zusammengestellte Algorithmus berechnet hat, wird automatisch unten ausgegeben. Das Programm steht anschließend sofort bereit, um die nächste Berechnung durchzuführen.

Abb. 20: Screenshot der grafischen Benutzeroberfläche

6 Evaluation & Optimierung der Genetischen Operationen

6.1 Selektion

Bestenselektion vs. Roulette-Selektion

Zunächst soll die vorhandene Roulette-Selektion durch eine Bestenselektion ersetzt werden. Wie bereits in der Einführung kurz erläutert, zählt die Bestenselektion zu einem sehr einfachen Verfahren. Bei der Bestenselektion werden jeweils nur die Individuen selektiert, welche die besten Fitnesswerte, in unserem Fall die geringsten Kosten, aufweisen. In der folgenden Grafik soll dies anschaulich verdeutlicht werden:

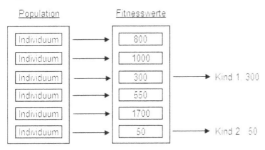

Abb. 21: Bestenselektion

Zunächst wurde die aktuelle Population ausgelesen und die jeweiligen Fitnesswerte der einzelnen Individuen ermittelt. Anschließend werden die beiden Individuen ausgewählt, welche die beiden besten Fitnesswerte der gesamten Population enthalten. Die besten Werte werden in nachfolgenden Iterationen als Nachkommen eingesetzt.

In der Java-Programmierung ist dieses Verfahren äußerst simpel, im Vergleich zur vorher genutzten Roulette-Selektion. Im Folgenden soll die Bestenselektion als Struktogramm dargestellt werden, um das Verfahren noch einmal besser veranschaulichen zu können:

Bestenselektion

| i=0 |
| population[] |
| hole Fitnesswerte der Population |
| Für i<Populationsgröße |
| Sortieren der Population nach Firnesswerten |
| Ermitteln der besten Fitness |
| Ermitteln der zweitbesten Fitness |
| Kind 1= Individuum mit bester Fitness |
| Kind 2= Individuum mit zweitbester Fitness |

Abb. 22: Struktogramm ‚Bestenselektion'

Da wir nun den neuen Selektionsalgorithmus implementiert haben, soll dieser auch evaluiert und mit dem Grundalgorithmus gegenübergestellt werden, um festzustellen, ob der Algorithmus dadurch an Effizienz gewinnt. Zur Evaluation wenden wir das Mutations- und Rekombinationsverfahren unseres Grundalgorithmuses gemeinsam mit unserer neu entwickelten Bestenselektion an. Um unsere Werte vergleichbar zu machen, werden wir die erste Instanz der Phase 1 zehnmal durchlaufen, um repräsentative Werte zu erzielen. Dabei wird die Populationsgröße 30, und eine Generationsanzahl von 100 und auch 1000 verwendet. In der folgenden Tabelle werden die Ergebnisse dargestellt:

Roulette Selektion				
	Bester Wert	Schlechtester Wert	Durchschnitt	Vergleich
100 Generationen	341	367	354	
1000 Generationen	340	363	351.5	

Bestenselektion				
	Bester Wert	Schlechtester Wert	Durchschnitt	
100 Generationen	342	363	352.5	-0.42
1000 Generationen	340	346	343	-2.42

Tab. 2: Gegenüberstellung Roulette- und Bestenselektion (Instanz 1 Phase 1)

Wird das Ganze nun ausgewertet, stellen wir fest, dass mithilfe der Bestenselektion eine signifikante Verbesserung erzielt werden kann. Außerdem konnte festgestellt werden, dass der Algorithmus der Bestenselektion wesentlich schneller rechnet als der der Roulette-Selektion. Beim Testlauf mit 100 Generationen konnten wir eine Verbesserung der Werte um 0,5% erzielen. Bei der Steigerung der Generationsanzahl auf 1000 Generationen konnten wir sogar Verbesserung der Werte um 2,5% erzielen. Im nachfolgenden Diagramm soll die Werteentwicklung des Algorithmuses im Laufe seines Lebenszykluses dargestellt werden:

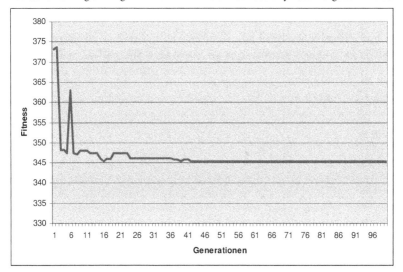

Abb. 23: Werteverlauf Bestenselektion (Instanz 1 Phase 1, 100 Generationen)

Da die Instanz 1 der Phase 1 nur im kleinen Wertebereich agiert, soll nun auch die Instanz 1 der Phase 2 mit einer Generationsanzahl von 100 ausgewertet werden, da dort die Abweichungen zum Grundalgorithmus deutlicher zum Anschein kommen.

	Roulette Selektion			
	Bester Wert	Schlechtester Wert	Durchschnitt	Vergleich
100 Generationen	367.553	385.102	376 327.50	

	Bestenselektion			
	Bester Wert	Schlechtester Wert	Durchschnitt	
100 Generationen	355.089	355.112	355 100.50	-5.64

Tab. 3: Gegenüberstellung Roulette- und Bestenselektion (Instanz 1 Phase 2)

Auch hier stellt sich eine Verbesserung von 5,6% im Vergleich zur Roulette-Selektion ein. Die Bestenselektion ist allerdings trotz der Verbesserung als äußerst kritisch anzusehen. Im Verlauf erkennen wir, dass sich eine schnelle Werteverbesserung einstellt, welche im weiteren Verlauf jedoch stark abflacht. Da nur die besten Werte der Population ausgewählt werden, stellen sich schnell Blockaden ein, so dass eine weitere Verbesserung nicht gewährleistet werden kann. Da dieses Problem sehr erheblich ist, haben wir uns dazu entschlossen, die Wettkampfselektion als weiteres Verfahren zu implementieren und zu bewerten.

Wettkampfselektion vs. Roulette Selektion

Die Wettkampfselektion ist ebenfalls wesentlich einfacher zu programmieren als die Roulette Selektion. Ob sie jedoch eine Wertsteigerung bringt, wollen wir nachfolgend aufzeigen. Bei der Wettkampfselektion werden zwei Individuen der Population zufällig ausgewählt, um anschließend gegeneinander anzutreten. In der folgenden Grafik soll dies veranschaulicht werden:

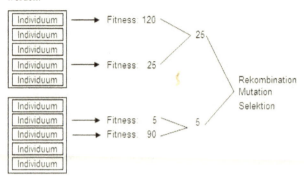

Abb. 24: Wettkampfselektion

Wie die Grafik zeigt, wählen wir zufällig 2 Individuen aus. Im Beispiel sind dies in der oberen Population die Fitnesswerte 120 und 25. Im Folgenden wird nun ein einfacher Vergleich der beiden Individuen vorgenommen. Da die 120 größer ist, wird das dazugehörige Individuum zum ersten Nachkommen bestimmt. In der unteren Population ist das Verfahren äquivalent. Der Fitnesswert 90 ist größer und wird somit zum zweiten Nachkommen gewählt. Diese beiden Nachkommen werden nun zur weiteren Rekombination, Mutation und wiederum erneuten Selektion eingesetzt.

Wie auch schon bei der Bestenselektion soll das Verfahren in einem Struktogramm dargestellt werden:

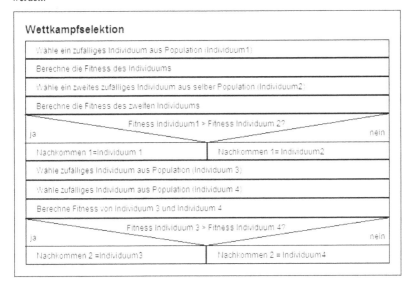

Abb. 25: Struktogramm ‚Wettkampfselektion'

Das Struktogramm macht deutlich wie simpel dieses Verfahren in Java zu implementieren ist. Es werden lediglich 2 Zufallszahlen generiert und lediglich zwei If-Anweisungen benötigt. Bei unserer Implementierung haben wir uns für die Wettkampfselektion mit „Generational Replacement" entschieden, d.h. das beide Elternteile komplett durch die neuen Kinder ersetzt werden.

Der Vergleich zwischen dem Roulette- und der Wettkampfsselektion wird wieder anhand der Instanz 1 der Phase 1 vollzogen werden. Hierbei verwenden wir wieder 100 bzw. 1000 Generationen mit einer Populationsgröße von 30.

Roulette Selektion				
	Bester Wert	Schlechtester Wert	Durchschnitt	Vergleich
100 Generationen	341	367	354	
1000 Generationen	340	363	351.5	

Wettkampfselektion				
	Bester Wert	Schlechtester Wert	Durchschnitt	
100 Generationen	369	372	370.5	4.66
1000 Generationen	340	349	344.5	-1,99

Tab. 4: Gegenüberstellung Roulette- und Wettkampfselektion (Instanz 1 Phase 1)

Wie die Auswertung zeigt, stellt sich bei 1000 Generationen eine Verbesserung unserer Werte ein, jedoch mit rund 2% nicht so stark wie bei der Bestenselektion mit 2,5%. Um eine nähere Aussage zur Verbesserung machen zu können, wollen wir auch hier die Werte der Instanz 1 der zweiten Phase überprüfen.

Roulette Selektion				
	Bester Wert	Schlechtester Wert	Durchschnitt	Vergleich
100 Generationen	367.553	385.102	376.327.50	
Wettkampfselektion				
	Bester Wert	Schlechtester Wert	Durchschnitt	
100 Generationen	354.156	355.112	354.634.00	-5.76

Tab. 5: Gegenüberstellung Roulette- und Wettkampfselektion (Instanz 1 Phase 2)

Bei der Erhöhung der Generationszahl wird eine Verbesserung der Werte deutlicher. Hier erreichen wir eine Steigerung von 5,7% im Vergleich zum Roulette-Algorithmus. Um den Werteverlauf grafisch darzustellen, soll auch hier ein Diagramm aufgezeigt werden:

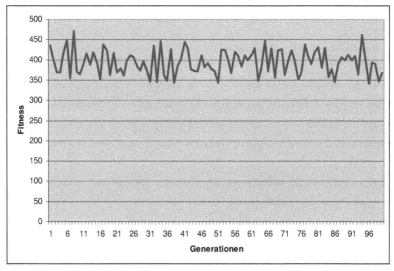

Abb. 26: Werteverlauf Wettkampfselektion (Instanz 1 Phase 1, 100 Generationen)

Das Diagramm macht deutlich, dass der Wettkampfalgorithmus von uns als suboptimal eingestuft werden muss. Da jeweils zwei Genome zufällig aus der Population ausgewählt werden, und wir zusätzlich die Generational Replacement-Methode anwenden, können auf Dauer sehr gute Werte verloren gehen. Es wird bei dieser Methode zwar ein sehr weiter Suchraum bedient, liefert auch in der Gesamtbetrachtung sehr gute Werte, liefert aber jedoch auch sehr schwankende Werte. Beim genetischen Algorithmus soll es so sein, dass sie die Werte stetig verbessern.

Da sich bei der Wettkampf- sowie auch der Bestenselektion Wertsteigerungen im Vergleich zur Roulette-Selektion eingestellt haben, sollen abschließend noch einmal beide gegenübergestellt werden, um eine abschließende Entscheidung für den optimalsten Selektionsalgorithmus treffen zu können. Hierbei werden wir zunächst nur die Instanz 1 der Phase 1 in Betrachtung ziehen um eine Vergleichbarkeit zu schaffen.

Bestenselektion				
	Bester Wert	Schlechtester Wert	Durchschnitt	Vergleich
100 Generationen	342	363	352.5	
1000 Generationen	340	346	343	
Wettkampfselektion				
	Bester Wert	Schlechtester Wert	Durchschnitt	
100 Generationen	369	372	370.5	5.11
1000 Generationen	340	349	344.5	0.44

Tab. 6: Gegenüberstellung Besten- und Wettkampfselektion

Bei dieser Gegenüberstellung wird deutlich, dass die Wettkampfselektion schlechter abschneidet als die Bestenselektion. Der Verlauf der Wettbewerbsselektion macht deutlich, dass der Optimierungsgrad mit steigender Anzahl der Generationen steigt und somit immer besser ist. Da wir aber bereits auch festgestellt haben, dass die Bestenselektion nur bedingt einsetzbar ist und noch keine eindeutige Entscheidung treffen können, werden wir zum Vergleich die beiden Algorithmen in Phase 2 antreten lassen.

Bestenselektion				
	Bester Wert	Schlechtester Wert	Durchschnitt	Vergleich
100 Generationen	355.089	355.112	355.100.50	
Wettkampfselektion				
	Bester Wert	Schlechtester Wert	Durchschnitt	
100 Generationen	354.156	355.112	354.634.00	-0.13

Tab. 7: Gegenüberstellung Besten- und Wettkampfselektion (Instanz 1 Phase 2)

Bei dieser Gegenüberstellung stellt sich ein anderes Bild dar. Die Wettkampfselektion ist um 0,13% besser als die Bestenselektion. Mithilfe dieser Überprüfung kommen wir zudem Schluss, dass die Bestenselektion zunächst bessere Werte liefert, jedoch aber zum Zwecke der Optimierung nur suboptimal anwendbar ist. Die Wettkampfselektion liefert in diesem Fall bei 100 Generationen schlechtere, bei 1000 Generationen jedoch bessere Werte.

Zusammenfassend können wir an dieser Stelle noch keine Entscheidung darüber treffen, welches Selektionsverfahren die besten Ergebnisse liefert. Hierzu werden später

Testszenarien angelegt, um die einzelnen Komponenten miteinander zu kombinieren, um den optimalen Algorithmus ausfindig zu machen.

6.2 Rekombination

In unserem bisherigen Evolutionären Algorithmus wurde die Methode der einfachen Rekombination (Einfachkreuzung) mit einer zufälligen Trennstelle gewählt. Um den Erfolg der Rekombination zu verbessern gibt es eine Reihe von Optimierungsmöglichkeiten. Aus diesen Methoden wollen wir im Folgenden die Methode der Rekombination mit fester Trennstelle in der Mitte, die gleichmäßige Rekombination, sowie die Rekombination mit zwei Trennstellen zur Optimierung testen.

Rekombination mit fester Trennstelle in der Mitte

Bei dieser Methode werden die Chromosomen der zwei Eltern jeweils in zwei Teile getrennt, wobei die Trennstelle hierfür stets die Gleiche ist. Sie befindet sich in unserem Fall in der Mitte der Chromosomen. Aus diesen Teilen entstehen dann, wie in Abbildung 27 zu sehen,

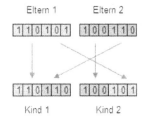

zwei neue Kinder, indem für das erste Kind der erste Teil des erstens Elternchromosoms und der zweite Teil des zweiten Elternchromosoms zusammengefügt werden. Das zweite Kind entsteht durch die Zusammenfügung des ersten Teils des zweiten Elternchromosoms und des zweiten Teils des ersten Elternchromosoms.

Abb. 27: Einfache Rekombination mit fester Trennstelle in der Mitte

Der Programmablauf dieser Methode ist folgender:

Abb. 28: Struktogramm ‚Einfache Rekombination mit fester Trennstelle in der Mitte'

Die Gegenüberstellung der Rekombination aus dem Grundalgorithmus mit der Rekombination an fester Trennstelle gestaltet sich wie folgt:

Rekombination mit zufälliger Trennstelle				Vergleich
	Bester Wert	Schlechtester Wert	Durchschnitt	
100 Generationen	341	365	353	
1000 Generationen	340	363	351.5	

Rekombination mit fester Trennstelle				
	Bester Wert	Schlechtester Wert	Durchschnitt	
100 Generationen	347	387	367	3.97
1000 Generationen	339	351	345	-1.85

Tab. 8: Gegenüberstellung Rekombination mit variabler/ fester Trennstelle

Der Vergleich der beiden Methoden zeigt, dass bei einer Generationsanzahl von 100 die Methode der einfachen Rekombination mit einer zufälligen Trennstelle besser ist, als die Methode mit der festen Trennstelle in der Mitte. Bei einer Generationsanzahl von 1000 sollte die Trennstelle auf die Mitte der Elternchromosomen gelegt werden, da die Rekombination dann bessere Ergebnisse liefert. Die Entwicklung der Fitnesswerte gestaltet sich wie folgt:

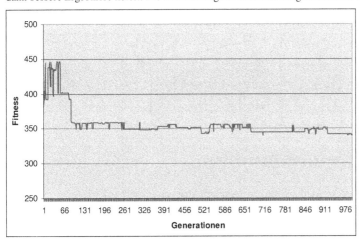

Abb. 29: Werteverlauf Rekombination - Feste Trennstelle Mitte (Instanz 1 Phase 1, 1000 Generationen)

Abgesehen von einigen Ausreißern, verbessert sich die Fitness bei dieser Methode permanent.

Gleichmäßige Rekombination

Bei der gleichmäßigen Rekombination wird, wie in Abbildung 30 zu sehen, im Wechsel jeweils ein Bit aus dem Elternchromosom 1 und ein Bit aus dem Elternchromosom 2 in das Kindchromosom übernommen. Um zwei unterschiedliche Kinder zu erzeugen wird beim ersten Kind mit dem ersten Bit aus dem Elternchromosom 1 begonnen und beim zweiten Kind mit dem ersten Bit aus dem Elternchromosom 2.

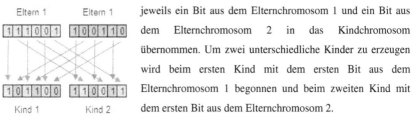

Abb. 30: Gleichmäßige Rekombination

Der Programmablauf ist folgender:

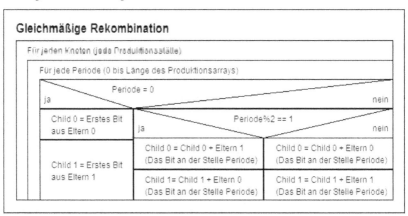

Abb. 31: Struktogramm ‚Gleichmäßige Rekombination'

Der Vergleich dieser Methode mit der bisherigen Methode gestaltet sich wie folgt:

Rekombination mit zufälliger Trennstelle				
	Bester Wert	Schlechtester Wert	Durchschnitt	Vergleich
100 Generationen	341	365	353	
1000 Generationen	340	363	351,5	
Gleichmäßige Rekombination				
	Bester Wert	Schlechtester Wert	Durchschnitt	
100 Generationen	348	409	378,5	7,22
1000 Generationen	337	371	354	-0,71

Tab. 9: Gegenüberstellung Rekombination mit variabler Trennstelle/ gleichmäßige Rekombination

In unserem Beispiel liefert die gleichmäßige Rekombination bei einer Generation von 100 bedeutend schlechtere Werte als die einfache Rekombination mit einer zufälligen Trennstelle. Wenn der Algorithmus allerdings über 1000 Generationen hinweg läuft, kann durch die gleichmäßige Rekombination ein geringfügig besseres Ergebnis als mit der bisherigen Methode erzielt werden.

Rekombination mit zwei zufälligen Trennstellen

Bei der Rekombination mit zwei Trennstellen werden zufällig zwei Trennstellen bestimmt, an denen jeweils beide Elternchromosome geteilt werden. D.h. aus jedem Elternchromosom entstehen drei Teile. Das erste Kind wird bei dieser Methode, wie in Abbildung 32 zu sehen, durch den ersten Teil des Elternchromosoms 0 und den zweiten Teil des Elternchromosom 1

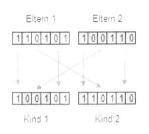

und den dritten Teil des Elternchromosoms 0 erzeugt.

Das zweite Kind entsteht durch das Zusammenfügen des ersten Teils des Elternchromosoms 1 und den zweiten Teil des Elternchromosoms 0 und den dritten Teil des Elternchromosoms 1. Es entstehen somit zwei neue Kinder, für deren Erzeugung alle Bits beider Eltern verwendet wurden.

Abb. 32: Rekombination mit zwei zufälligen Trennstellen – Ablauf

Das Programm läuft wie folgt ab:

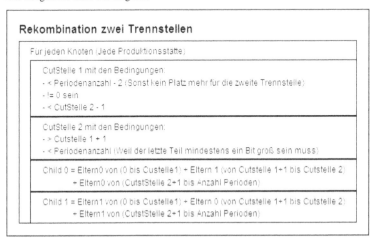

Abb. 33: Struktogramm ‚Rekombination mit zwei zufälligen Trennstellen'

Der Vergleich dieser Methode mit dem Grundalgorithmus gestaltet sich wie folgt:

Rekombination mit zufälliger Trennstelle				
	Bester Wert	Schlechtester Wert	Durchschnitt	Vergleich
100 Generationen	341	365	353	
1000 Generationen	340	363	351.5	
Rekombination mit zwei Trennstellen				
	Bester Wert	Schlechtester Wert	Durchschnitt	
100 Generationen	339	376	357.5	1.27
1000 Generationen	339	348	343.5	-2.28

Tab. 10: Gegenüberstellung Einfache/ Zweifache Rekombination mit einer/ zwei variablen Trennstellen

Die Rekombination mit zwei variablen Trennstellen liefert bei einer Generationsgröße von 100 aus den 10 Testläufen ein besseres Ergebnis. Jedoch verändert sich die Spanne der Ergebnisse, wodurch auch der schlechteste Wert bedeutend schlechter wird. Wenn somit der Durchschnitt aus dem besten und dem schlechtesten Wert gebildet wird, so schneidet die Rekombination mit zwei zufälligen Trennstellen schlechter ab, als die Rekombination mit einer zufälligen Trennstelle. Eine deutliche Verbesserung der neuen Rekombinationsmethode wird bei einer Generationsgröße von 1000 deutlich. Hier wird sowohl das beste Ergebnis optimiert, als auch die Spanne in der sich die Ergebnisse befinden. Der Verlauf der besten Fitness pro Generation gestaltet sich in unserem Beispiel über die 1000 Generationen hinweg wie folgt:

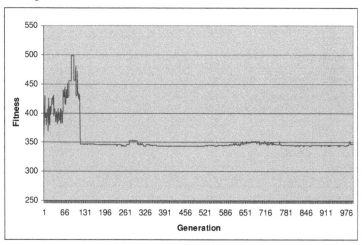

Abb. 34: Werteverlauf Rekombination - Zwei Trennstellen (Instanz 1 Phase 1, 1000 Generationen)

Die Fitness verbessert sich bei dieser Methode somit abgesehen von einigen Ausreißern zu Beginn, permanent.

6.3 Mutation

Sinn und Zweck der Mutation ist die Erzeugung von Alternativen und Varianten. Übertragen auf Optimierungsprobleme kommt der Mutation die Aufgabe zu, lokale Optima zu überwinden und damit zu einem besseren globalen Optimum zu gelangen. Mit einer Mutation kommt also genetisch gesehen neues Erbgut in eine Population, das für neue Einflüsse sorgt. In unserer Fallstudie haben wir drei weitere Ansätze programmiert, um den Grundalgorithmus der Mutation zu optimieren.

Flip-Mutation an einer Stelle

Unser erster Optimierungsversuch ist eine Flip-Variation, bei der pro Individuum ein zufällig gewähltes Genom gekippt wird. Dabei ist zu beachten, dass das erste Genom unverändert bleibt. Bei diesem Ansatz wird immer ein Element je Individuum gekippt. Die nachfolgende Abbildung verdeutlicht diesen Gedanken grafisch:

Abb. 35: Flip-Mutation an einer Stelle

Nachdem der Algorithmus textuell beschrieben und an einer Grafik veranschaulicht wurde, soll das folgende Struktogramm den Ablauf in Pseudocode darstellen:

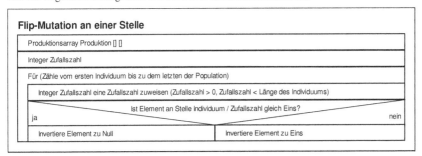

Abb. 36: Struktogramm ‚Flip-Mutation an einer Stelle'

Die Umsetzung des Struktogrammes in Java macht es möglich, dass eine Evaluierung durchgeführt wird. Dazu wird die neue Flip-Mutation dem Grundalgorithmus gegenübergestellt. Ziel soll es sein, eine Effizienzsteigerung zu erzielen. Zur Evaluierung werden die Selektion und Rekombination aus dem Grundalgorithmus beibehalten, während die neu entwickelte Mutation ausgewählt wird. In der folgenden Tabelle werden die Ergebnisse des Vergleiches dargestellt:

Flip-Mutation mit Mutationswahrscheinlichkeit			
	Bester Wert	Schlechtester Wert	Durchschnitt
100 Generationen	341	365	353
1000 Generationen	340	363	351,5

Flip-Mutation an einer Stelle			
	Bester Wert	Schlechtester Wert	Durchschnitt
100 Generationen	341	350	345,5
1000 Generationen	337	345	341

Tab. 11: Gegenüberstellung Flip-Mutation mit Mutationswahrsch./ Flip-Mutation an einer Stelle

Bei diesem Test wurde die erste Instanz der Phase 1 zehnmal ausgeführt. Dabei wurde die Populationsgröße auf 30 gesetzt und die Generationenanzahlen 100 und 1000 verwendet. Bei 1000 Generationen zeigt der neue Flip-Algorithmus mit 337 einen besseren Wert auf, als die ursprüngliche Implementierung.

Die Werteentwicklung bei 100 Generationen zeichnet sich wie folgt ab:

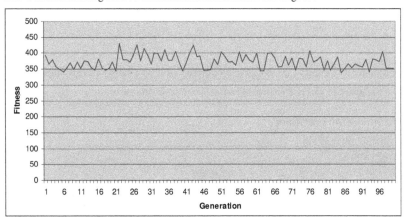

Abb. 37: Werteverlauf Flip-Mutation an einer Stelle (Instanz 1 Phase 1, 100 Generationen)

Flip-Mutation an zwei Stellen

Unser zweiter Optimierungsversuch ist ebenfalls eine Flip-Variation, bei der pro Individuum zwei zufällig gewählte Genome gekippt werden. Dabei ist wieder zu beachten, dass das erste Genom unverändert bleibt. Bei diesem Ansatz werden immer zwei Elemente je Individuum gekippt.

Die nachfolgende Abbildung verdeutlicht diesen Gedanken grafisch:

Abb. 38: Flip-Mutation an zwei Stellen

Nachdem der Algorithmus textuell beschrieben und an einer Grafik veranschaulicht wurde, soll das folgende Struktogramm den Ablauf in Pseudocode darstellen:

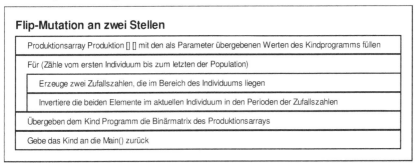

Abb. 39: Struktogramm ‚Flip-Mutation an zwei Stellen'

Auch dieses Struktogramm wurde in Java umgesetzt, um eine Evaluierung zu ermöglichen. Dazu wird auch hier die neue Flip-Mutation dem Grundalgorithmus gegenübergestellt. Ziel soll es wieder sein, eine Effizienzsteigerung zu erzielen. Zur Evaluierung werden die Selektion und Rekombination aus dem Grundalgorithmus beibehalten, während die neu entwickelte Mutation ausgewählt wird. In der folgenden Tab. werden die Ergebnisse des Vergleiches dargestellt:

Flip-Mutation mit Mutationswahrscheinlichkeit			
	Bester Wert	Schlechtester Wert	Durchschnitt
100 Generationen	341	365	353
1000 Generationen	340	363	351.5

Flip-Mutation an zwei Stellen			
	Bester Wert	Schlechtester Wert	Durchschnitt
100 Generationen	339	348	343.5
1000 Generationen	338	346	342

Tab. 12: Gegenüberstellung Flip-Mutation mit Mutationswahrsch./ Flip-Mutation an zwei Stellen

Bei diesem Test wurde die erste Instanz zehnmal ausgeführt. In der Tab. sind der beste Wert und der schlechteste Wert der 10 besten Werte der Ausführung zu sehen. Leider brachte der zweifache Flip keine Verbesserung. Die Werteentwicklung bei 100 Generationen zeichnet sich wie folgt ab:

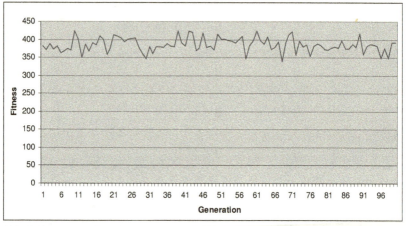

Abb. 40: Werteverlauf Flip-Mutation an zwei Stellen (Instanz 1 Phase 1, 100 Generationen)

Swap-Mutation

Unser dritter Optimierungsversuch ist eine Swap-Variation, bei der pro Individuum zwei zufällig gewählte Genome miteinander vertauscht werden. Dabei ist zu beachten, dass das erste Genom unverändert bleibt. Bei diesem Ansatz werden immer zwei Genome je Individuum vertauscht. Dabei kann vorkommen, dass eine Eins mit einer Eins und eine Null mit einer Null vertauscht werden, sich insgesamt also nichts ändert. Die nachfolgende Abbildung verdeutlicht diesen Gedanken grafisch:

Abb. 41: Swap-Mutation

Nachdem der Algorithmus textuell beschrieben und an einer Grafik veranschaulicht wurde, soll das folgende Struktogramm den Ablauf in Pseudocode darstellen:

Swap-Mutation
Produktionsarray Produktion [] []
Integer Zufallszahl1
Integer Zufallszahl2
Integer Temporaer
Für (Zähle vom ersten Individuum bis zum letzten der Population)
Integer Zufallszahl1 eine Zufallszahl zuweisen
Integer Zufallszahl2 eine Zufallszahl zuweisen
Speichere Inhalt des Elementes Individuum / Zufallszahl1 in Temporaer
Speichere Inhalt des Elementes Individuum / Zufallszahl2 an der Stelle Zeilennummer/Zufallszahl1
Speichere Inhalt von Temporaer an der Stelle Individuum/ Zufallszahl2

Abb. 42: Struktogramm ‚Swap - Mutation'

Das Struktogramm wurde in Java implementiert und damit die neue Flip-Mutation dem Grundalgorithmus gegenübergestellt. In der folgenden Tab. werden die Ergebnisse des Vergleiches dargestellt:

Flip-Mutation mit Mutationswahrscheinlichkeit			
	Bester Wert	Schlechtester Wert	Durchschnitt
100 Generationen	341	365	353
1000 Generationen	340	363	351.5

Swap-Mutation			
	Bester Wert	Schlechtester Wert	Durchschnitt
100 Generationen	343	343	343
1000 Generationen	339	345	342

Tab. 13: Gegenüberstellung Flip-Mutation mit Mutationswahrsch./ Swap-Mutation

Bei diesem Test wurde die erste Instanz zehnmal ausgeführt. In der Tab. sind der beste Wert und der schlechteste Wert der 10 besten Werte der Ausführung zu sehen. Auch der Swap – Ansatz hat leider entgegen unserer Erwartungen keine nennenswerte Verbesserung mit sich gebracht.

Die Werteentwicklung bei 100 Generationen zeichnet sich wie folgt ab:

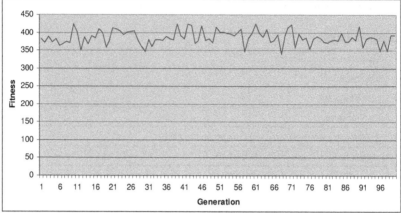

Abb. 43: Werteverlauf Swap-Mutation (Instanz 1 Phase 1, 100 Generationen)

Es wird festgehalten, dass der beste Wert, 337, mit der einfachen Flip-Mutation erzielt wurde.

6.4 Optimierungs-Szenario für den Grundalgorithmus

Die unterschiedlichen Möglichkeiten der Selektion, Rekombination, und Mutation machen verschiedene Szenarien denkbar, mit denen versucht werden kann, die Ergebnisse des Grundalgorithmuses zu verbessern.

Nachfolgende Übersicht enthält alle Möglichkeiten an Genetischen Operationen, welche wir für die Fallstudie implementiert haben:

Selektion	Rekombination	Mutation
Roulette-Selektion	Rekombination mit zufälliger Trennstelle pro Individuum	Flip-Mutation mit Mutationswahrscheinlichkeit
Wettkampf-Selektion	Rekombination mit zwei Trennstellen pro Individuum	Flip-Mutation an einer zufälligen Stelle pro Individuum
Besten-Selektion	Rekombination mit einer Trennstelle in der Population	Flip-Mutation an zwei zufälligen Stellen pro Individuum
	Gleichmäßige Rekombination	Swap-Mutation
	Rekombination mit fester Trennstelle in der Mitte des Individuums	

Tab. 14: Kombinationsmöglichkeiten für Szenarien

Daraus ergeben sich 60 verschiedene Kombinationsmöglichkeiten für Szenarien.

In einem ersten Schritt wurden die Genetischen Operationen vom Grundalgorithmus (in der Übersicht gelb) mit den zusätzlich identifizierten Variationen (in der Übersicht grün) der Selektion, Rekombination und Mutation kombiniert, um möglichst optimale Werte zu erhalten. Näheres dazu wurde bereits im Kapitel „Evaluation & Optimierung der Genetischen Operationen" erläutert.

Darauf aufbauend haben wir versucht Schlüsse zu ziehen, welche Verfahren miteinander kombiniert die besten Ergebnisse bringen können. Dabei ist zu beachten, dass die jeweils besten Möglichkeiten miteinander kombiniert in der Gesamtheit nicht zwingend das beste Ergebnis mit sich bringen.

Deshalb wurden zunächst vier Szenarien identifiziert, welche wir für eine erfolgreiche Kombination erachteten. Diese Szenarien wurden daraufhin mit den ersten zehn Instanzen der Phase 1 getestet. Beim Vergleich der Ergebnisse haben wir weitere sechs Szenarien ermittelt, die weiteres Optimierungspotential versprachen und haben auch diese getestet und verglichen. Nachfolgend eine Tabelle mit den identifizierten Szenarien:

	Selektion	Rekombination	Mutation
1	Roulette	Mitte/ Individuum	Swap
2	Wettkampf	zwei zufällige Stellen	1Bit-Flip pro Individuum
3	Wettkampf	eine zufällige Stelle	1Bit-Flip pro Individuum
4	Wettkampf	zwei zufällige Stellen	2Bit-Flip pro Individuum
5	Roulette	zwei zufällige Stellen	1Bit-Flip pro Individuum
6	Roulette	eine zufällige Stelle	1Bit-Flip pro Individuum
7	Roulette	Mitte/ Individuum	1Bit-Flip pro Individuum
8	Roulette	zwei zufällige Stellen	1Bit-Flip pro Individuum
9	Roulette	zwei zufällige Stellen	Swap
10	Roulette	eine zufällige Stelle	Swap

Tab. 15: Übersicht über ausgewählte Szenarien

Die Ergebnisse der Szenarien von der Evaluierung anhand der ersten zehn Instanzen der ersten Phase haben wir mit den Werten von X-Men verglichen. Die folgende Abbildung stellt grafisch dar, welches Szenario die besten Ergebnisse liefert:

		Szenario										
		1	2	3	4	5	6	7	8	9	10	X-Men
Instanz	1	337,02	337,32	337,95	337,50	337,95	338,62	336,88	336,93	343,10	339,73	336,55
	2	581,28	582,66	583,20	584,12	582,97	582,24	582,36	583,14	581,88	581,63	580,60
	3	789,20	818,60	791,60	803,60	791,60	789,20	791,60	791,60	793,20	791,60	785,20
	4	984,50	1006,50	1044,50	1031,50	984,50	984,50	1002,00	984,50	984,50	984,50	984,50
	5	347,20	344,67	345,63	345,66	344,25	345,25	344,88	346,15	344,10	345,69	342,61
	6	603,90	595,80	597,45	595,32	596,41	593,68	594,81	596,54	600,34	594,46	592,63
	7	821,20	808,40	842,04	813,28	822,98	817,70	819,46	811,68	810,96	808,40	802,16
	8	1008,70	1051,30	1082,40	1008,70	1008,70	1008,70	1019,60	1008,70	1008,70	1007,60	1007,60
	9	327,91	324,91	327,84	325,38	324,85	326,14	324,14	325,38	327,29	326,57	324,08
	10	552,76	558,39	563,25	557,18	555,07	552,89	555,85	554,94	552,89	555,85	552,76
		6353,70	6428,55	6515,80	6402,20	6349,30	6338,90	6371,60	6339,60	6346,96	6336,03	6308,69

Alleiniger Bestwert   Mehrere Szenarien mit gleichem Bestwert   Zweitbester Wert

Tab. 16: Ergebnisse der ersten zehn Instanzen mit verschiedenen Szenarien

Nach sorgfältiger Analyse dieser Ergebnisse haben wir uns dazu entschlossen, das erste Szenario zu verwenden und mit den Werten der X- Men zu vergleichen.[41]

---

[41] siehe Anhang: „Ergebnisse der ersten Phase" & „Ergebnisse der zweiten Phase"

7 Dezentraler Ansatz

Die bisherigen Ansätze nutzten als Entscheidungskriterium für die Selektion die Gesamtfitness, das bedeutet, die gesamten Kosten, welche für alle Produktionseinheiten und somit Unternehmen insgesamt bei dem jeweiligen Individuum auftreten.

Eine Entscheidung aufgrund dieser Zahl ist jedoch realitätsfern.

Denn tatsächlich würde kein Unternehmen das beste Produktionsprogramm für die Gesamtheit aller an der Supply Chain beteiligten Unternehmen wählen, sondern die Lösung, welche für das jeweilige Unternehmen selber die geringsten Kosten bedeutet. Um hier eine Annäherung an die Realität zu erreichen, wird die Entscheidungsfindung nicht mehr zentral an einem Wert festgemacht, sondern dezentral an den Kosten jedes einzelnen Unternehmens bei einer Lösung.

Hierfür wird zunächst durch jedes „Unternehmen", sprich jeden Knoten in der Supply Chain, für alle Lösungen der jeweiligen Population eine Bewertung vorgenommen. Diese Bewertung erfolgt aufgrund der Kosten, welche für das Unternehmen in den einzelnen Individuen auftreten. Anschließend wird durch einen Mediator festgestellt, welches die Lösung ist, die aufgrund der Einzelwertungen am besten zu sein scheint. Dies muss allerdings nicht unbedingt die Lösung mit den geringsten Gesamtkosten sein, wie auch unsere Lösung zeigt.

Für die Bewertungen gibt es nun mehrere Umsetzungsmöglichkeiten.

7.1 Varianten eines Dezentralen Ansatzes

Border-System (Border 1)

Hierbei wird einfach von jedem „Unternehmen" für die beste Lösung auf seiner Sicht die maximale Punktzahl vergeben, welche z.B. der Populationsgröße entspricht. Die zweitbeste Lösung erhält einen Punkt weniger, die drittbeste einen weiten Punkt weniger, bis schließlich die schlechteste Lösung nur noch einen Punkt erhält.

Diese Lösung ist denkbar einfach, hat jedoch den Nachteil, dass der Bewertungsunterschied zwischen allen Lösungen gleich ist. Es gibt somit keine Abstufung für z.B. besonders gute Lösungen.

Für den Sonderfall, dass zwei Individuen für ein Unternehmen den gleichen Kostenwert haben, werden für diese Individuen deren Bewertung addiert und gemittelt.

Border 2 / Bewertung mittels Quotienten

Eine andere Möglichkeit für die Bewertung, welche ein simples Abstufen zwischen den besseren und den schlechteren Lösungen zulässt, ist, die Bewertung über einen Quotienten vorzunehmen. Hierbei wird die beste Lösung mit 1 bewertet, die zweitbeste Lösung mit 1/2, die nächste Lösung mit 1/3 usw.

Der entscheidende Vorteil bei diesem Vorgehen ist, dass bei den tendenziell eher schlechten Lösungen die Bewertungsunterschiede marginal sind und der Unterschied zu den besseren Lösungen relativ groß ist. Somit fallen die besseren Lösungen sehr viel stärker ins Gewicht und werden bei der finalen Auswahl auch mehr berücksichtigt.

Approval-Methode

Bei der Approval-Methode ist es nicht zwingend erforderlich, dass jede Lösung, sei sie noch so schlecht, bewertet wird. Dies ist vor allem deshalb sinnvoll, da im Grunde nur eine begrenzte Anzahl von Lösungen für das „Unternehmen" wirklich akzeptabel ist. Deshalb wird auch nur eine bestimmte Anzahl von Lösungen ausgewählt. Diese guten Lösungen erhalten eine Art „Approval", eine Stimme. Für die Ermittlung der besten Lösung insgesamt wird die Lösung mit den meisten Stimmen gewählt.

7.2 Struktogramme der umgesetzten Ansätze

Eine mögliche Umsetzung wird in folgenden Struktogrammen erläutert. Bei diesem Ansatz wurde die Border-Methode verwendet.

Zum einen wird eine eigene Klasse „Agent" geschaffen. Dieser ermittelt aus einem gegebenen Array von Programmen und einer ihm zugewiesenen Nummer alle für ihn gültigen Fitnesswerte, nimmt eine Bewertung vor und gibt diese zurück an die Selektions-Methode. Diese errechnet nun, welche die beiden am besten bewerteten Programme sind und gibt die beiden so ermittelten Eltern weiter zur Rekombination.

Der Konstruktor der Agenten-Klasse erhält als Parameter das Array der aktuellen Population sowie eine Nummer übergeben, welche ihr einen eindeutigen Platz innerhalb der Supply Chain zuweist. Anschließend werden die Fitnesswerte aller Individuen an der besagten Stelle ausgelesen und in einem Array gespeichert.

Um eine spätere Zuordnung der Bewertungen zu den entsprechenden Produktionsprogrammen zu ermöglichen, erhält das Array zusätzlich eine Dimension, mittels derer zu jedem Fitnesswert eine laufende Nummer sowie die Bewertung gespeichert werden kann. Um die folgende Sortierung zu vereinfachen, werden die Fitnesswerte ihrer Größe nach geordnet. Anschließend wird dieses Array der Methode „bewerten" übergeben.

Das Array „werte" ist zweidimensional. Die erste Dimension ist so groß wie die Population. Die zweite Dimension, im Grunde die Spalten einer Tabelle, hat eine feste Anzahl von 3. Die erste Spalte enthält den oben genannten Zähler zur Zuweisung von Fitnesswert zu Programm, die Zweite den entsprechenden Fitnesswerte und die Dritte die Bewertung. Diese Methode lässt sich in folgendem Struktogramm darstellen:

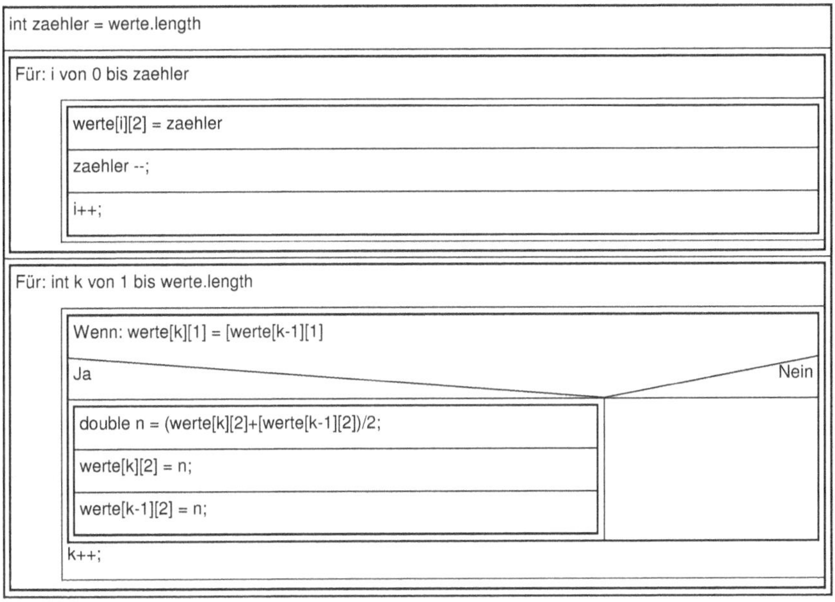

```
int zaehler = werte.length

Für: i von 0 bis zaehler

    werte[i][2] = zaehler

    zaehler --;

    i++;

Für: int k von 1 bis werte.length

    Wenn: werte[k][1] = [werte[k-1][1]
    Ja                                          Nein

        double n = (werte[k][2]+[werte[k-1][2])/2;

        werte[k][2] = n;

        werte[k-1][2] = n;

    k++;
```

Abb. 44: Struktogramm ‚Bewerten() – Border 1'

Nach dieser Methode wird das Werte-Array wieder geordnet, diesmal nach der Nummer in der 1. Spalte. Anschließend kann die Selektionsmethode die Bewertung der einzelnen Agenten übernehmen und die beste Lösung ermitteln. Das Struktogramm für diese Methode sieht folgendermaßen aus:

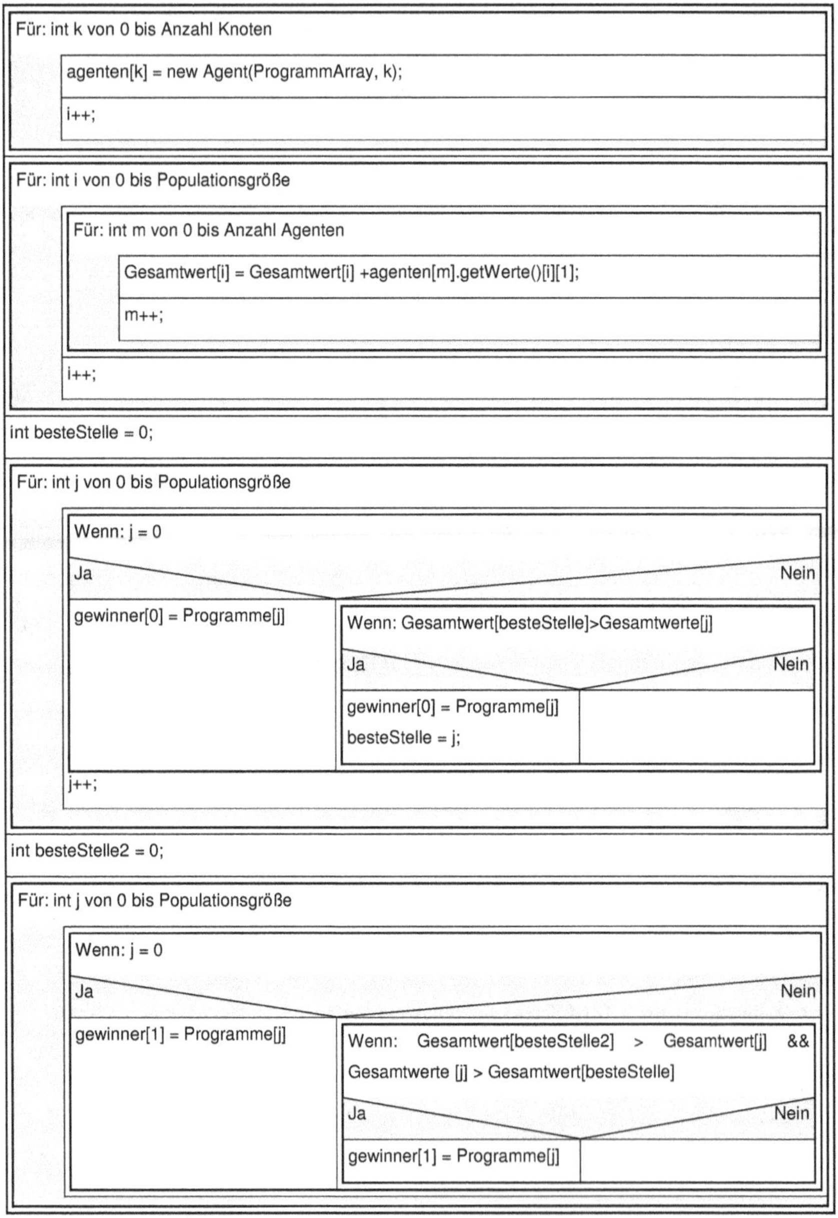

```
Für: int k von 0 bis Anzahl Knoten
    agenten[k] = new Agent(ProgrammArray, k);
    i++;
```

```
Für: int i von 0 bis Populationsgröße
    Für: int m von 0 bis Anzahl Agenten
        Gesamtwert[i] = Gesamtwert[i] +agenten[m].getWerte()[i][1];
        m++;
    i++;
```

int besteStelle = 0;

```
Für: int j von 0 bis Populationsgröße
    Wenn: j = 0
    Ja                                              Nein
    gewinner[0] = Programme[j]  |  Wenn: Gesamtwert[besteStelle]>Gesamtwerte[j]
                                |  Ja                          Nein
                                |  gewinner[0] = Programme[j]
                                |  besteStelle = j;
    j++;
```

int besteStelle2 = 0;

```
Für: int j von 0 bis Populationsgröße
    Wenn: j = 0
    Ja                                              Nein
    gewinner[1] = Programme[j]  |  Wenn: Gesamtwert[besteStelle2] > Gesamtwert[j] &&
                                |  Gesamtwerte [j] > Gesamtwert[besteStelle]
                                |  Ja                          Nein
                                |  gewinner[1] = Programme[j]
```

Abb. 45: Struktogramm ‚Selektion – Border 1'

Anschließend wird das Array gewinner die beiden so ermittelten Eltern zurückgeben.

Ein weiterer Ansatz, die zweite Border-Umsetzung, lässt sich durch eine einfache Abwandlung des Bewertungsfaktors in der Methode bewerten der Agenten-Klasse erreichen. Diese würde dann wie folgt aussehen:

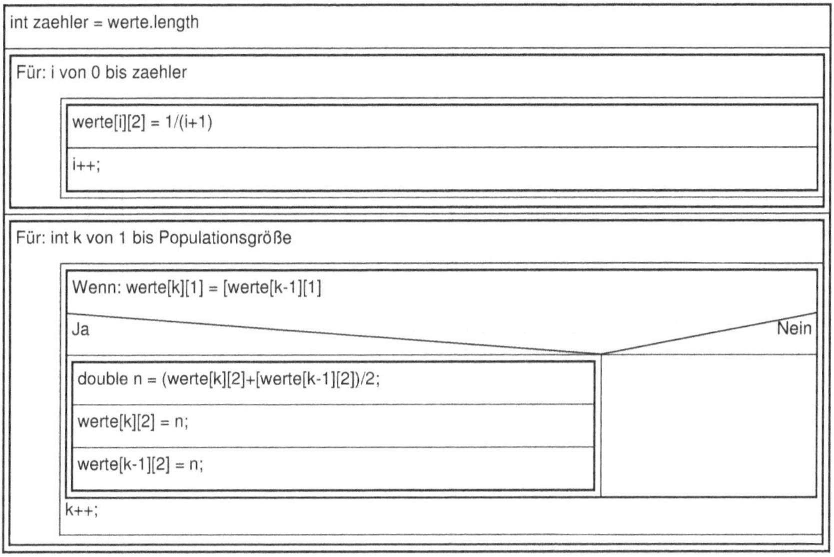

```
int zaehler = werte.length

Für: i von 0 bis zaehler

    werte[i][2] = 1/(i+1)

    i++;

Für: int k von 1 bis Populationsgröße

    Wenn: werte[k][1] = [werte[k-1][1]
    Ja                                                          Nein

        double n = (werte[k][2]+[werte[k-1][2])/2;

        werte[k][2] = n;

        werte[k-1][2] = n;

    k++;
```

Abb. 46: Struktogramm ‚Bewerten() – Border 2'

7.3 Evaluation des Dezentralen Ansatzes

Nach der Umsetzung des dezentralen Ansatzes ergibt sich die Frage, welcher Ansatz zu besseren Ergebnissen führt. Um nun einen direkten Vergleich zwischen den beiden implementierten, dezentralen Ansätzen zu ermöglichen, wurde für beide das gleiche Szenario jeweils mit 100 und mit 1000 Generationen bei einer Populationsgröße von 30 angesetzt.

In folgenden Diagrammen ist ersichtlich, dass bei diesen Prämissen Border 1 leicht bessere Werte liefert. Allerdings ist der Unterschied im Verlauf der beiden Kurven mit den besten Fitnesswerten nicht sehr groß. Der Lösungskorridor der besten Werte ist von Beginn an relativ schmal und hat nur selten Spitzen. Dies ist dadurch erklärbar, dass bereits zu Beginn eine der besten Lösungen ausgewählt wurde, da diese insgesamt für die Mehrheit der „Unternehmen" geringere Werte enthält. Diese Lösung verbessert und verschlechtert sich jeweils immer nur noch minimal, da die anderen, kostenintensiveren Variationen wohl für die Mehrheit der „Unternehmen" mit schlechten Bewertungen versehen wurden. Somit kommt es schneller zu einem optimalen Ergebnis, welches bei Border 1 erstmals bereits in Generation 5, bei Border 2 in Generation 52 erreicht wurde.

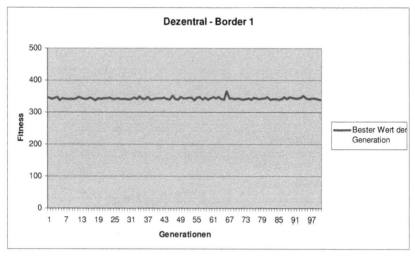

Abb. 47: Werteverlauf Border 1 (Instanz 1 Phase 1, 100 Generationen)

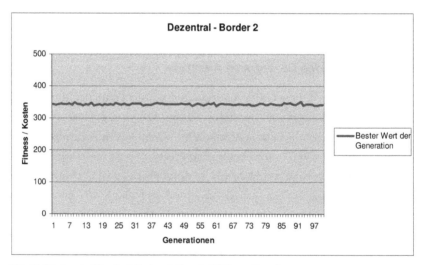

Abb. 48: Werteverlauf Border 1 (Instanz 1 Phase 1, 100 Generationen)

Die Umsetzung von Border 1 und 2 führte insgesamt zu minimalen Unterschieden in den besten Werten. Ein Vergleich mit einer unterschiedlichen Anzahl von Generationen zeigt, dass sich die Lösungen bei beiden Ansätzen zwar bei 1000 Generationen noch leicht verbessern können, es jedoch insgesamt keinen großen Unterschied zwischen den Ergebnissen ergibt. Für die weiteren Auswertungen[42] wird Border 2 verwendet.

Border 1			
	Bester Wert	Schlechtester Wert	Durchschnitt
100 Generationen	337.55	606.63	452.66
1000 Generationen	336.88	635.12	431.49

Border 2			
	Bester Wert	Schlechtester Wert	Durchschnitt
100 Generationen	337.57	606.84	451.61
1000 Generationen	336.93	603.97	431.36

Tab. 17: Vergleich dezentrale Ansätze (Phase 1, Instanz 1)

---

[42] Siehe Anhang „Ergebnisse der ersten Phase" & „Ergebnisse der zweiten Phase"

8 Fazit

Die Auswahl des Optimierungsszenarios ermöglichte eine erhebliche Verbesserung gegenüber dem Grundalgorithmus. Damit verbunden konnte auch eine Annäherung der Werte an X-Men erzielt werden. Die genaue Tabelle der Messwerte für alle Instanzen der ersten und zweiten Phase finden Sie im Anhang.

Die folgende Tabelle soll einerseits einen Überblick darüber geben, wie sich die Abweichung des Grundalgorithmus zu X-Men verhält und andererseits die Abweichungen des Optimierungsszenarios zu X-Men ausweisen.

Abweichungsanalyse Grundalgorithmus zu X-Men in Phase 1:

Größte Abweichung	17,67%
Kleinste Abweichung	0,00%
Durchschnittliche Abweichung	6,17%

Abweichungsanalyse Optimierungsszenario zu X-Men in Phase 1:

Größte Abweichung	11,47%
Kleinste Abweichung	0,00%
Durchschnittliche Abweichung	3,13%

Tab. 18: Abweichungsanalyse für Phase 1

Wie die untenstehende Grafik verdeutlicht, konnten wir mit dem optimierten Algorithmus eine Halbierung der durchschnittlichen Abweichung vom X-Men erlangen. Die Daten des X-Men werden in dem Diagramm durch die X-Achse symbolisiert. Die beiden von uns programmierten Algorithmen sind entsprechend farbig ausgewiesen:

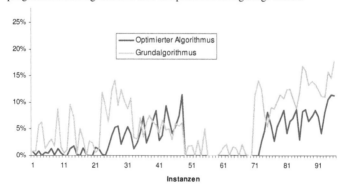

Abb. 49: Abweichungsanalyse Optimierungs-/ Grundalgorithmus und X-Men (Instanzen Phase 1)

Aus dem Diagramm wird ersichtlich, wie gering häufig die Abweichung zu den Werten von X-Men ist. Der folgenden Tabelle ist zu entnehmen, wann und wie oft unser Algorithmus gleiche oder bessere Ergebnisse als X-Men erbringt:

Leistungsvergleich Grundalgorithmus und X-Men in Phase 1:

Anzahl Instanzen mit gleichen Werten	7
Anzahl Instanzen mit besseren Werten	4
Instanzen	57, 58, 66, 69

Leistungsvergleich Optimierungsszenario und X-Men in Phase 1:

Anzahl Instanzen mit gleichen Werten	24
Anzahl Instanzen mit besseren Werten	6
Instanzen	57,61,66,67,69,71

Tab. 19: Leistungsvergleich

Die 2. Phase erbrachte signifikant bessere Werte im Vergleich vom Grundalgorithmus zum Optimierungsszenario. Insgesamt sind die Werte dort jedoch nicht so nah am X-Men. Nachfolgend können Sie sich einen Eindruck über die Abweichungen verschaffen:

Abweichungsanalyse Grundalgorithmus zu X-Men in Phase 2:

Größte Abweichung	70,46%
Kleinste Abweichung	21,31%
Durchschnittliche Abweichung	46,07%

Abweichungsanalyse Optimierungsszenario zu X-Men in Phase 2:

Größte Abweichung	37,93%
Kleinste Abweichung	0,62%
Durchschnittliche Abweichung	27,63%

Tab. 20: Abweichungsanalyse für Phase 2

Zusätzlich zu den guten Ergebnissen des Optimierungsszenarios haben wir auch den Dezentralen Ansatz implementiert und evaluiert. Näheres dazu im Anhang.

Anhang

Anhang 1: Aufgabenverteilung

Juliane Behrendt:	
Matrikelnummer: 228370	
	- Theorie Rekombination
	- Grundalgorithmus programmiert (nicht verwendet)
	- Optimierung Selektion programmiert & textuell beschrieben
	- Instanzen Grundalgorithmus & Optimierungsszenario durchlaufen
Sonja Bernhard:	
Matrikelnummer: 228371	
	- Theorie Selektion
	- Grundalgorithmus programmiert (verwendet)
	- Dezentralen Ansatz programmiert & textuell beschrieben
	- Benutzeroberfläche (GUI) programmiert & textuell beschrieben
Dennis Frank:	
Matrikelnummer: 227747	
	- Einleitung & Fazit
	- Theorie Supply Chain Management
	- Optimierung Mutation programmiert & textuell beschrieben
	- Optimierungsszenarios ermittelt
	- Instanzen Grundalgorithmus & Optimierungsszenario durchlaufen
Michael Schmohl:	
Matrikelnummer: 228381	
	- Theorie EA
	- Grundalgorithmus programmiert (nicht verwendet)
	- Optimierung Rekombination programmiert & textuell beschrieben
	- Instanzen Grundalgorithmus & Optimierungsszenario durchlaufen
Franziska Vogt:	
Matrikelnummer: 227752	
	- Theorie Mutation
	- Textuelle Erläuterung Grundalgorithmus
	- Optimierung Mutation programmiert & textuell beschrieben
	- Instanzen Grundalgorithmus & Optimierungsszenario durchlaufen

Anhang 2: Ergebnisse der ersten Phase

Instanz	Grund-algo.	Dezentraler Ansatz	Optimierte Version	Bester Wert X-Men	Abweichung X-Men/ Optimierte Version	Abweichung X-Men/ Grundalgo.
1	339,24	336,88	338,94	336,55	0,71%	0,79%
2	585,70	582,12	581,28	580,60	0,12%	0,87%
3	832,50	791,60	791,60	785,20	0,81%	5,68%
4	1050,50	984,50	984,50	984,50	0,00%	6,28%
5	347,04	346,96	344,68	342,61	0,60%	1,28%
6	606,75	596,70	595,14	592,63	0,42%	2,33%
7	828,33	807,76	812,48	802,16	1,27%	3,16%
8	1026,30	1008,70	1008,70	1007,60	0,11%	1,82%
9	355,10	324,94	328,40	324,08	1,32%	8,74%
10	562,47	558,40	555,17	552,76	0,43%	1,73%
11	752,47	751,28	748,72	748,40	0,04%	0,54%
12	938,90	933,90	928,40	928,40	0,00%	1,12%
13	381,52	346,89	349,12	344,57	1,30%	9,68%
14	617,48	577,07	583,59	572,73	1,86%	7,25%
15	779,04	777,76	777,76	776,16	0,21%	0,37%
16	1016,40	964,70	964,70	964,70	0,00%	5,09%
17	316,02	307,84	310,62	306,18	1,43%	3,11%
18	523,96	525,04	524,04	523,66	0,07%	0,06%
19	726,50	706,48	706,48	706,48	0,00%	2,76%
20	897,60	880,60	875,60	875,60	0,00%	2,45%
21	269,60	268,99	272,27	268,06	1,55%	0,57%
22	457,93	455,39	457,75	452,05	1,25%	1,28%
23	697,44	615,99	615,60	614,32	0,21%	11,92%
24	844,00	764,50	764,50	764,50	0,00%	9,42%
25	535,06	620,56	509,26	501,26	1,57%	6,32%
26	865,40	912,00	789,40	759,40	3,80%	12,25%
27	1101,50	1029,75	997,25	944,75	5,26%	14,23%
28	1231,25	1251,25	1180,00	1115,00	5,51%	9,44%
29	572,56	615,83	512,76	501,76	2,15%	12,37%
30	851,65	913,45	797,90	765,40	4,07%	10,13%
31	1047,75	998,75	1011,00	956,00	5,44%	8,76%
32	1258,75	1258,00	1169,25	1122,00	4,04%	10,86%
33	458,10	570,12	448,60	442,60	1,34%	3,38%
34	691,80	807,00	688,00	670,50	2,54%	3,08%
35	915,00	921,75	888,25	850,00	4,31%	7,10%
36	1054,25	1098,00	1.097,75	1017,00	7,36%	3,53%
37	481,62	533,32	463,30	452,10	2,42%	6,13%
38	743,55	785,80	715,75	687,00	4,02%	7,61%
39	933,75	964,00	936,25	874,75	6,57%	6,32%
40	1108,75	1190,75	1.140,50	1045,00	8,37%	5,75%
41	439,38	513,92	433,38	421,08	2,84%	4,16%
42	690,20	727,40	669,70	644,20	3,81%	6,66%
43	851,00	844,00	894,00	810,50	9,34%	4,76%
44	1001,00	1029,00	1.020,00	950,00	6,86%	5,09%
45	389,40	340,90	394,28	377,68	4,21%	3,01%
46	607,80	660,60	603,70	571,20	5,38%	6,02%
47	752,75	789,00	768,75	711,25	7,48%	5,51%

Instanz	Grund-algo.	Dezentraler Ansatz	Optimierte Version	Bester Wert X-Men	Abweichung X-Men/ Optimierte Version	Abweichung X-Men/ Grundalgo.
48	887,00	959,00	939,75	832,00	11,47%	6,20%
49	517,34	517,34	517,34	517,34	0,00%	0,00%
50	737,93	724,62	724,62	724,62	0,00%	1,80%
51	897,19	879,60	879,60	879,60	0,00%	1,96%
52	1024,50	1024,50	1.024,50	1024,50	0,00%	0,00%
53	540,88	525,39	525,39	525,39	0,00%	2,86%
54	739,26	739,26	739,26	739,26	0,00%	0,00%
55	947,07	898,96	898,96	898,96	0,00%	5,08%
56	1048,70	1048,70	1.048,70	1048,70	0,00%	0,00%
57	507,82	507,83	507,82	507,83	0,00%	0,00%
58	707,31	707,32	707,32	707,32	0,00%	0,00%
59	856,72	856,72	856,72	856,72	0,00%	0,00%
60	993,90	993,90	988,40	988,40	0,00%	0,55%
61	544,06	535,28	535,27	535,28	0,00%	1,61%
62	774,12	757,23	757,23	757,23	0,00%	2,18%
63	909,76	909,76	909,76	909,76	0,00%	0,00%
64	1042,70	1024,70	1.024,70	1024,70	0,00%	1,73%
65	495,71	488,43	488,43	488,43	0,00%	1,47%
66	672,04	672,05	672,04	672,05	0,00%	0,00%
67	827,68	810,08	810,07	810,08	0,00%	2,13%
68	937,60	935,60	935,60	935,60	0,00%	0,21%
69	444,13	444,14	444,13	444,14	0,00%	0,00%
70	591,52	591,52	591,52	591,52	0,00%	0,00%
71	792,00	703,60	703,59	703,60	0,00%	11,16%
72	937,00	804,50	804,50	804,50	0,00%	14,14%
73	1338,00	1251,40	1.203,56	1172,00	2,62%	12,41%
74	1430,00	1405,10	1.381,70	1318,00	4,61%	7,83%
75	1341,00	1338,50	1.382,25	1269,00	8,19%	5,37%
76	1375,00	1350,00	1.325,00	1250,00	5,66%	9,09%
77	1265,00	1222,28	1.186,46	1153,52	2,78%	8,81%
78	1450,00	1376,25	1.377,20	1302,40	5,43%	10,18%
79	1420,00	1328,25	1.349,25	1257,50	6,80%	11,44%
80	1413,00	1352,00	1.380,75	1262,00	8,60%	10,69%
81	1124,00	1047,24	1.027,80	984,92	4,17%	12,37%
82	1293,00	1192,80	1.210,00	1131,40	6,50%	12,50%
83	1257,00	1178,75	1.205,25	1121,25	6,97%	10,80%
84	1240,00	1183,00	1.237,00	1129,00	8,73%	8,95%
85	1135,00	1144,52	1.032,40	1001,44	3,00%	11,77%
86	1379,00	1255,80	1.250,50	1146,80	8,29%	16,84%
87	1368,00	1238,25	1.258,25	1149,50	8,64%	15,97%
88	1340,00	1234,00	1.243,50	1162,00	6,55%	13,28%
89	1085,00	998,92	1.007,92	932,96	7,44%	14,01%
90	1225,00	1153,60	1.160,40	1061,20	8,55%	13,37%
91	1199,00	1153,60	1.133,00	1049,50	7,37%	12,47%
92	1205,00	1117,00	1.117,00	1070,00	4,21%	11,20%
93	930,00	896,15	901,45	826,88	8,27%	11,09%
94	1118,00	1024,20	1.053,80	941,60	10,65%	15,78%
95	1085,00	1007,50	1.046,25	927,00	11,40%	14,56%
96	1132,00	1026,00	1.051,50	932,00	11,36%	17,67%

Anhang 2: Ergebnisse der zweiten Phase

Instanz	Grund-algo.	Dezentraler Ansatz	Optimierte Version	Bester Werte X-Men	Abweichung X-Men/ Optimierte Version	Abweichung X-Men/ Grundalgo.
1	324.306,00	325.250,45	266.881,05	196.189,15	26,49%	39,50%
2	254.362,00	254.895,30	166.881,05	165.838,45	0,62%	34,80%
3	305.188,00	321.453,25	307.464,60	201.226,35	34,55%	34,06%
4	304.869,00	317.825,90	280.892,50	188.265,75	32,98%	38,25%
5	236.822,00	243.862,10	258.645,65	161.603,85	37,52%	31,76%
6	599.164,00	592.829,25	487.558,25	344.795,00	29,28%	42,45%
7	510.678,00	522.883,70	459.466,95	294.303,10	35,95%	42,37%
8	740.964,00	707.515,20	557.746,85	356.248,85	36,13%	51,92%
9	615.661,00	615.235,95	478.987,85	326.923,55	31,75%	46,90%
10	579.977,45	757.149,25	535.234,80	389.376,20	27,25%	32,86%
11	262.371,65		278.741,60	179.761,45	35,51%	31,49%
12	203.498,09		188.543,75	155.938,20	17,29%	23,37%
13	257.913,20		277.294,90	183.229,55	33,92%	28,96%
14	173.449,59		197.208,00	136.484,75	30,79%	21,31%
15	268.368,85		296.513,30	187.124,40	36,89%	30,27%
16	692.509,70		479.626,39	342.590,55	28,57%	50,53%
17	781.266,85		529.745,99	379.144,95	28,43%	51,47%
18	625.916,79		488.171,84	347.140,80	28,89%	44,54%
19	729.247,35		565.754,60	413.945,15	26,83%	43,24%
20	728.033,60		600.288,55	392.341,70	34,64%	46,11%
21	327.536,40		210.448,35	148.003,70	29,67%	54,81%
22	436.810,10		223.010,30	197.694,80	11,35%	54,74%
23	339.101,20		227.118,05	160.692,90	29,25%	52,61%
24	407.884,05		236.173,60	184.358,00	21,94%	54,80%
25	324.523,99		217.279,50	161.457,00	25,69%	50,25%
26	989.711,10		492.427,55	344.969,70	29,95%	65,14%
27	1.007.411,85		445.156,10	352.902,55	20,72%	64,97%
28	1.210.000,00		448.872,65	357.438,65	20,37%	70,46%
29	1.235.377,00		506.774,25	411.687,00	18,76%	66,68%
30	1.041.015,20		506.921,25	401.751,05	20,75%	61,41%
31	314.450,95		285.501,15	185.374,10	35,07%	41,05%
32	332.255,20		229.152,70	185.693,75	18,97%	44,11%
33	322.502,04		310.434,30	192.793,85	37,90%	40,22%
34	255.529,19		220.482,19	136.848,15	37,93%	46,45%
35	311.965,60		217.123,00	166.129,05	23,49%	46,75%
36	610.929,35		371.792,05	291.483,15	21,60%	52,29%
37	676.814,85		441.054,50	339.923,75	22,93%	49,78%
38	647.141,00		439.872,24	319.986,90	27,25%	50,55%
39	764.667,15		507.089,90	367.798,10	27,47%	51,90%
40	724.262,89		435.694,00	306.313,95	29,70%	57,71%

Quellenverzeichnis

Böhnlein, Claus-Burkard:

Supply Chain Management in: WISU, 01/2005.

Böhnlein, Claus-Burkard:

Supply Chain Management-Konzept, Umsetzung und Erfahrungen, in: WISU, 02/2005.

Melzer-Ridinger, Ruth:

Supply Chain Management, München 2007.

Nissen, Volker:

Evolutionäre Algorithmen – Darstellungen, Beispiele, betriebswirtschaftliche Anwendungsmöglichkeiten, Wiesbaden 1994.

Nissen, Volker:

Einführung in die Evolutionären Algorithmen – Optimierung nach dem Vorbild der Evolution, Braunschweig 1997.

Schinzer, Heiko:

Supply Chain Management, in: WISU, 06/1999.

Straube, Frank; Butz, Christian:

E-Logistik in Netzwerken, in: WISU, 05/2005.

Weicker, Karsten:

Evolutionäre Algorithmen, 2., überarbeitete und erweiterte Auflage, Wiesbaden 2007.

Werner, Hartmut:

Supply Chain Management: Grundlagen, Strategien, Instrumente und Controlling, Wiesbaden 2007.

BEI GRIN MACHT SICH IHR WISSEN BEZAHLT

- Wir veröffentlichen Ihre Hausarbeit,
  Bachelor- und Masterarbeit

- Ihr eigenes eBook und Buch -
  weltweit in allen wichtigen Shops

- Verdienen Sie an jedem Verkauf

Jetzt bei www.GRIN.com hochladen
und kostenlos publizieren